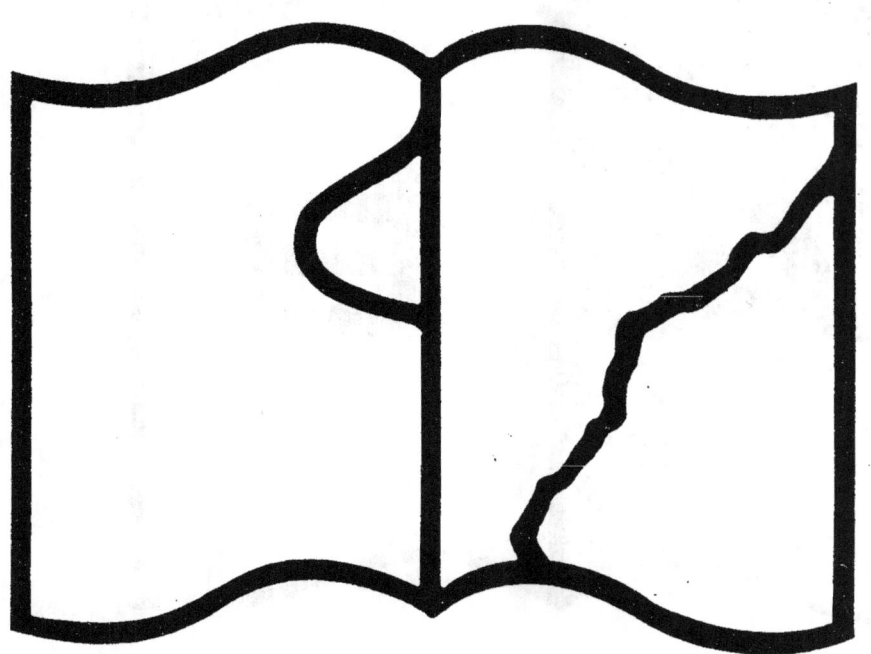

Texte détérioré — reliure défectueuse

NF Z 43-120-11

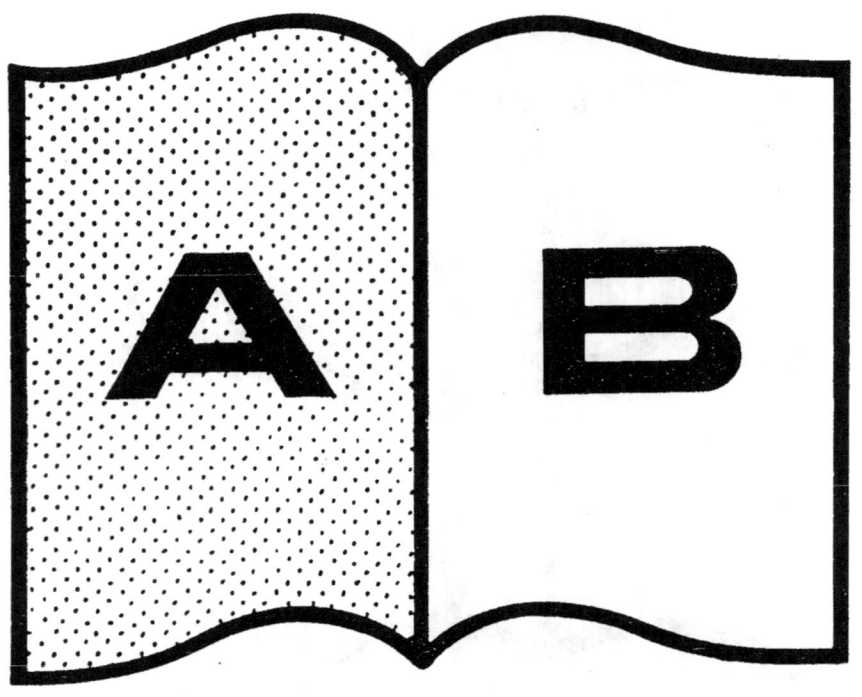

Contraste insuffisant

NF Z 43-120-14

ENCYCLOPÉDIE D'ARCHITECTURE

REVUE MENSUELLE

DES TRAVAUX PUBLICS ET PARTICULIERS

Troisième série.

GRANDS MAGASINS DU PRINTEMPS
A PARIS

(Pl. 860-861, 896-897, 899, 919, 931, 941, 965, 1005-1006, 992, 1004, 981-982, 997, 998 et 927-928.)

 ES magasins du Printemps furent fondés, en 1865, par M. Jules Jaluzot. Ils occupaient à l'origine le sous-sol, le rez-de-chaussée et l'entresol d'un immeuble construit par MM. Jules et Paul Sédille, architectes, à l'angle des rues du Havre et de Provence et du boulevard Haussmann nouvellement percé. Cet immeuble portait sur le boulevard le n° 70.

Mais l'affluence du public rendit bientôt ces magasins insuffisants. Les étages supérieurs, primitivement distribués en appartements et habités bourgeoisement, furent successivement transformés et occupés par les magasins. Puis, peu à peu, ils envahirent les maisons voisines tour à tour achetées et aménagées pour le commerce. C'est ainsi qu'au commencement de 1881, avant l'incendie, les magasins du Printemps occupaient les n°s 70, 68 et 66 sur le boulevard Haussmann, et les n°s 125, 123, 121 et 119 sur la rue de Provence. De plus les n°s 117 et 115 sur la rue de Provence et 59 et 57 sur la rue de Caumartin étaient la propriété de M. Jaluzot, qui occupait encore, comme locataire et par ses magasins, l'entresol et quelques parties du n° 64 sur le boulevard Haussmann, à l'angle de la rue de Caumartin.

L'incendie du 9 mars 1881 détruisit totalement le berceau du Printemps, c'est-à-dire le n° 70 sur le boulevard Haussmann, ainsi que le n° 125 sur la rue de Provence. Cet immeuble avait été en 1873-74 complètement réédifié par M. Paul Sédille, suivant un type de construction en fer qui devait plus tard se poursuivre sur la rue de Provence. Ainsi se trouvaient condamnées dans un avenir peu éloigné les vieilles maisons en bordure sur cette rue, les futures constructions devant être mises à l'alignement nouveau,

ENCYCL. D'ARCHIT. — 1885.

c'est-à-dire à 4m,25 environ en arrière de l'ancien. Le feu atteignit aussi sur la rue de Provence le n° 123, dont les étages supérieurs furent tout à fait incendiés et, sur le boulevard Haussmann, le n° 68 dont la portion mitoyenne avec le n° 70 fut détruite complètement. Le restant de l'immeuble n'était guère moins éprouvé, les flammes ayant endommagé jusqu'aux boiseries et aux peintures du n° 66 plus éloigné.

Telle était la situation, quand, à la suite du règlement des dommages avec les compagnies d'assurance, M. Jaluzot, qui s'était rendu pendant ce temps acquéreur du n° 64 sur le boulevard Haussmann, chargea M. Paul Sédille de la reconstruction des magasins du Printemps. Le programme donné à l'architecte était celui-ci : Reconstituer les magasins sur un plan d'ensemble comprenant désormais tout l'îlot enveloppé par le boulevard Haussmann, la rue du Havre, la rue de Provence et la rue de Caumartin, puis procéder par les constructions, en commençant par les parties en façade sur la rue du Havre, afin de continuer temporairement la vente dans les parties inférieures des immeubles que l'incendie n'avait pas complètement détruits. C'est ainsi que, le 18 juillet 1881, fut coulé en béton sous l'air comprimé, un premier puits qui allait servir à la fondation du nouvel édifice en façade sur la rue du Havre. Le premier lot de constructions comprenait une surface de 660 mètres environ occupée précédemment par les n°s 70, boulevard Haussmann et 125, rue de Provence. Pendant ce temps, la vente se continuait au 68, au 66 et au 64, boulevard Haussmann et dans les immeubles n°s 123, 121 et 119, rue de Provence.

Cette obligation de ne pas interrompre le commerce du Printemps pendant les travaux de reconstruction, allait

IV. — 1

créer, jusqu'à leur achèvement complet, une suite de difficultés considérables devant lesquelles cependant on ne devait pas hésiter. Il s'agissait en effet de conserver non seulement la clientèle du Printemps à Paris, comme en province et à l'étranger, mais encore un grand nombre d'employés éprouvés et une administration importante.

Tout d'abord, l'architecte devait, autant que possible, faire concorder les grandes divisions générales de son plan avec les différents lots d'immeubles qui devaient être au début conservés, puis successivement démolis et reconstruits. Il devait ensuite rechercher le mode de construction satisfaisant le mieux aux besoins de ces nouveaux magasins et se prêtant à une exécution rapide. Le terrain donné était un trapèze irrégulier d'environ 2950 mètres de surface, offrant trois angles aigus différents et un angle obtus à la rencontre du boulevard Haussmann, de la rue du Havre, de la rue de Provence et de la rue de Caumartin. Pour dissimuler les différences angulaires et relier les façades longitudinales, quatre pavillons circulaires, de 7ᵐ,70 de diamètre extérieur, furent disposés aux angles du trapèze [1], la façade sur la rue du Havre étant choisie comme façade principale de l'édifice.

Située sur un vaste carrefour, au point d'intersection de plusieurs voies très animées, cette façade se présentait bien à découvert, avec un recul avantageux, exposée au sud-ouest sous les rayons obliques du soleil. Par ses dimensions limitées, elle se prêtait mieux que la longue façade sur le boulevard Haussmann, bordée d'arbres, à une composition architecturale bien formulée. De plus, sur la rue du Havre, les deux pavillons circulaires des angles devaient par leur rapprochement former les éléments naturels et principaux de cette façade et l'encadrer en l'accentuant. Cette façade correspondait d'ailleurs au plan de l'édifice. Il fallait en éclairer et aérer l'intérieur. Dès lors s'imposait la création d'une grande nef centrale sous double comble vitré, s'allongeant dans le sens du terrain, depuis la rue du Havre jusqu'à la rue de Caumartin. Un grand hall établi sur la rue du Havre devait servir de vestibule à cette grande nef, dont l'axe longitudinal correspondrait avec le milieu de la façade sur la rue du Havre. Cette partie allait donc devenir en réalité le frontispice de l'édifice et le point de départ des nombreuses galeries superposées qui devaient se développer sur les longs pans latéraux et s'ouvrir sur la grande nef centrale. Mais, si l'entrée principale des nouveaux magasins était ainsi établie sur la rue du Havre, les pavillons extrêmes sur la rue de Caumartin et sur la rue de Provence furent destinés à former vestibules d'accès de ce côté, tandis que sur le boulevard Haussmann deux entrées étaient ménagées sous l'abri de grandes marquises.

En élévation, il fallait profiter de toutes les hauteurs permises par les règlements de voirie. Le sous-sol fut réservé à la réception et à l'expédition des marchandises ainsi qu'à l'installation du nombreux matériel mécanique affecté au service de l'éclairage électrique, du chauffage, des eaux, etc. Le rez-de-chaussée et les trois étages au-dessus furent consacrés à la vente. Le quatrième fut destiné aux caisses et aux bureaux de la province et de l'étranger. Les deux derniers étages, sous comble circulaire, devaient recevoir, le premier les réserves de marchandises, le second les cuisines et réfectoires. Au-dessus du cube utilisé de l'édifice allaient s'élever les coupoles, les lanternons, les crêtes et tous autres motifs de décoration, le nouveau Printemps bénéficiant des avantages faits aujourd'hui par l'administration aux constructions dont le caractère monumental peut servir à l'embellissement des voies publiques. A l'intérieur, de nombreux escaliers, des ponts jetés au travers de la nef centrale devaient assurer l'accès facile de toutes les parties de l'édifice, en même temps que des ascenseurs multipliés et monte-charges allaient ménager les forces de la clientèle féminine de la maison, et permettre la manutention facile des marchandises et des provisions jusqu'aux étages supérieurs.

Telles furent dès le début les dispositions générales du projet d'ensemble. Il était indispensable de le réaliser de la façon la plus rapide, la plus durable et la plus décorative tout à la fois. Le Printemps ne devait pas seulement offrir le cube nécessaire à la juxtaposition de nombreux comptoirs de vente et à l'entassement des produits les plus variés, il fallait encore qu'il s'accentuât au dehors par des aspects capables de fixer l'attention et dont l'étranger ou le provincial pût rapporter chez lui bon souvenir. Il fallait avant tout ménager la surface donnée, c'est-à-dire conserver au commerce la plus grande quantité possible d'un terrain très cher dans ce quartier, et donner aux galeries beaucoup d'air et de lumière. On ne pouvait donc pas songer aux constructions de maçonnerie, qui, pour porter de grandes charges, devaient produire des surfaces absorbant la place, le jour et interceptant le regard. Il fallait prendre parti pour une construction métallique, en ne gardant la pierre que pour former enveloppe monumentale et indépendante de l'édifice. Mais la fonte de fer demande des modèles très longs à établir, longs à couler dans les fonderies des départements. De plus, si la fonte offre une grande résistance à l'écrasement, elle se prête mal à la flexion, et il fallait largement tenir compte de cet élément de trouble dans des constructions à élever par parties successives, étroites et d'abord isolées. Le fer au contraire, par ses qualités de résistance et de souplesse réunies, devait permettre le raccordement facile de ces parties entre elles pour en former, par un mode constant

---

[1] Lors du percement du boulevard Haussmann, un parti circulaire d'un rayon de 3ᵐ,85 avait été imposé pour former une perspective dans l'axe de la rue Tronchet. Ce parti circulaire, obligatoire à l'angle du boulevard Haussmann et de la rue du Havre, a déterminé l'établissement des trois autres pavillons aux angles du trapèze. Le nud extérieur de ces pavillons est tangent aux alignements prolongés des rues du Havre, de Provence, de Caumartin et du boulevard Haussmann, de même que le nud extérieur du premier pavillon imposé est tangent aux alignements prolongés du boulevard Haussmann et de la rue du Havre.

ssemblage, un tout absolument homogène et solidaire. fer se prêtait aussi à une exécution relativement rapide, ns les ateliers bien outillés d'un grand constructeur risien à portée du chantier du Printemps. Il imposait outre, par les éléments bruts (tôles et fers cornières) s au service de l'architecte, l'obligation de formes très bres, dérivées des matériaux eux-mêmes et par suite ractéristiques.

Le fer fut donc adopté comme élément pour ainsi dire clusif de construction, permettant l'espacement des ints d'appui et leurs sections réduites. Mais, s'il est avanxeux au point de vue commercial de diminuer autant e possible l'ossature d'un édifice, il faut encore trouver ice pour ses éléments vitaux. C'est un corps qui a besoin chaleur et d'air renouvelé, qui doit être alimenté, lairé, etc. Il fallait donc que ces différents besoins fussent tisfaits par des moyens en harmonie avec sa construction, r les procédés tenant la moindre place réelle et apparente. De là le chauffage par la vapeur, seul capable de culer aisément dans ce vaste édifice et de chauffer un be de 80 000 mètres environ ; de là l'électricité, seule sez puissante pour inonder de lumière de vastes galeries une nef de 11 000 mètres cubes ; cela sans danger d'inndie et au moyen de fils souples et ténus, suivant docilement toutes les formes du fer.

C'est pourquoi les points d'appui de l'édifice furent nçus par l'architecte sous forme de piliers creux en fer 0m,50 au carré, divisés par une âme formant à l'intéeur de chaque pilier deux conduits distincts. C'est à ntérieur de ces piliers, dont nous donnerons plus tard détail, que se dissimulent tous les services de chauffage, ventilation, d'électricité et d'acoustique ; que montent descendent tous les tuyaux qui alimentent d'eau les isines, les ascenseurs, les réservoirs, les lavabos et les ater-closets de tous les étages, et les tuyaux qui enaînent au dehors les eaux pluviales et ménagères.

Ces piliers reçoivent encore les colonnes d'eau montantes ntre l'incendie et constituent ainsi les supports en même mps que la canalisation générale de l'édifice.

Les constructions du nouveau Printemps furent donc atreprises d'abord en façade sur la rue du Havre, avec etours sur le boulevard Haussmann et sur la rue de rovence. Commencé au mois de juillet, ce 1er lot de cructions fut conduit rapidement malgré les difficultés articulières des fondations au travers d'un sol plein eau et malgré plusieurs grèves qui entravèrent pendant ngtemps certains travaux. La grève des charpentiers mmencée en août devait durer près de cinq mois. Elle tarda tout d'abord longuement la pose des échafaudages xtérieurs, puis faillit compromettre l'exécution de la rande toiture provisoire, qui cependant fut terminée fin e décembre 1881 et dès lors protégea tout le chantier. t immense abri, dressé au sommet de sapines superosées au moyen de moises, ne fut pas élevé sans périls à une hauteur de plus de 35 mètres sur une surface de 1150 mètres, et cela par des manœuvres et des ouvriers de toutes sortes à défaut d'ouvriers spéciaux. Aussi ce grand travail fit-il grand honneur à MM. Richebois et Grenié, charpentiers, qui surent par leur science et leurs soins le mener à bonne fin malgré les circonstances les plus défavorables. Sous ce vaste abri, les constructions éclairées le soir par des foyers Jablochkoff purent se poursuivre en bravant la mauvaise saison ; si bien que, dès le mois de mars suivant, c'est-à-dire sept mois après le commencement des fondations, les étages inférieurs étaient organisés en comptoirs de vente et accessibles au public. A cette même époque, tous les immeubles situés sur la rue de Provence étaient livrés aux démolisseurs. Les puits de fondation étaient forés au fur et à mesure du déblaiement du sol. En avril, on dressait de ce côté les premiers piliers en fer. Six mois après, cette partie importante des constructions était élevée et couverte malgré des temps très défavorables, et aussitôt ses étages étaient transformés en magasins de vente. Enfin, en décembre 1882, ces deux lots de constructions, depuis plusieurs mois partiellement occupés, étaient complètement déséchafaudés, livrés, et l'administration du Printemps en faisait l'inauguration le 5 mars 1883. Dans le même temps on démolissait les immeubles portant sur le boulevard Haussmann les nos 66 et 68. Sur cet emplacement allaient s'élever de nouvelles galeries en façade sur le boulevard Haussmann et particulièrement la grande nef intérieure. Cette troisième partie des travaux, inaugurée le 3 mars 1884, constitue avec les première et deuxième parties, le Printemps actuel. Une quatrième et dernière partie reste à construire. C'est celle qui remplacera le no 64, boulevard Haussmann. Cet immeuble important, propriété de la Société qui en occupe par ses magasins et ses bureaux plusieurs étages, ne pourra disparaître qu'après expiration de baux en cours.

Ce qu'il est difficile d'apprécier, une fois l'œuvre accomplie, c'est l'embarras des chantiers successifs au milieu de vieilles constructions ménagées, au milieu des étaiements et des cloisonnements multipliés, c'est la suite considérable des travaux provisoires qu'il a fallu entreprendre pour ne pas interrompre la vente dans des magasins d'attente, sans cesse modifiés et transposés, et pour assurer pendant trois ans les services d'éclairage, de chauffage et d'alimentation du personnel, malgré des conditions détestables d'installation. Toutes ces difficultés inhérentes à la nature de l'entreprise furent cependant surmontées, grâce au zèle de tous et sans qu'au cours de ces longs travaux on ait eu le moindre accident grave à déplorer.

Le Printemps est aujourd'hui connu de tous et les planches de l'*Encyclopédie* en ont reproduit les différents aspects. Il serait donc inutile de faire la description détaillée de ses façades, de ses galeries, de son hall d'entrée et de sa grande nef intérieure. Nous devons toutefois faire ressortir le caractère de l'architecture qui est l'expression même des besoins et de la construction, et indiquer, pour les différentes parties, le mode de décoration polychrome adopté par l'architecte, l'*Encyclopédie* ayant dû renoncer à la reproduction colorée de l'édifice.

Nous avons dit comment tous murs avaient été supprimés à l'intérieur, et comment les points d'appui métalliques avaient été réduits au minimum de surface. D'un autre côté, il convenait de faire pénétrer au dedans le maximum de lumière. Les façades sur le boulevard Haussmann, sur la rue de Provence et sur la rue de Caumartin répondent complètement à ce programme. Divisées en travées par des piles en pierre largement espacées, elles n'offrent, de la base au sommet, qu'une immense surface vitrée, interrompue seulement par des poutres en fer d'entretoisement qui, aux deux étages supérieurs, servent de soutien aux corniches en pierre couronnant l'édifice. Ces travées sont subdivisées elles-mêmes par de minces meneaux en fer d'un seul jet à section rectangulaire. Ils pénètrent au travers des poutres d'entretoisement, les déchargent au passage en réalité d'immenses châssis rigides et indéformables. Ces châssis constituent, avec les piles en pierre de soutien, une enveloppe extérieure de l'édifice indépendante de sa structure intérieure.

La pierre n'a donc ici d'autre fonction que celle de scander et de mesurer les surfaces latérales de l'édifice par des verticales et des horizontales bien apparentes, constituant, par la répétition et la succession, une ordonnance monumentale. D'ailleurs les matériaux s'accentuent d'eux-mêmes. La pierre blanche fait opposition aux tons gris de fer variés par des réchampis bleus; le bronze enrichit les grilles du soubassement et les balcons; une frise de mosaïques sur fond d'or s'encastre dans les appuis en fonte du premier étage; une autre déroule ses rinceaux sous la corniche d'entablement.

Telles apparaissent, largement ajourées, les façades latérales au-dessus desquelles se développent les nervures accusées par une coupole circulaire à deux étages que domine une balustrade en fonte de fer. Ces façades ne font d'ailleurs que continuer les lignes générales de la grande façade sur la rue du Havre.

Là, comme nous l'avons dit, deux pavillons circulaires rapprochés devaient former les éléments principaux de cette façade. Ces pavillons de pierre semblables à ceux des angles extrêmes du trapèze ont été conçus dans une forme pleine et solide destinée à contraster avec les ajourements des façades enveloppantes et à borner en quelque sorte l'édifice. Entre ces deux pavillons plus étroitement percés, aux ordres réguliers superposés, diadémés de riches acrotères surmontés de dômes métalliques et de lanternons élancés, il fallait établir un parti intermédiaire assez puissant d'aspect pour faire corps avec eux, assez léger cependant pour concorder avec les façades latérales si largement ouvertes. La pierre seule pouvait former le trait d'union nécessaire entre ces pavillons. A la base de la façade elle se présente sous forme d'un porche robuste percé de trois grandes arcades plein cintre qui, prenant la hauteur du rez-de-chaussée et de l'entresol, correspondent au hall d'entrée. Ce hall est clôturé par des surfaces de glaces placées en arrière-corps de la façade. Ces glaces sont soutenues par des châssis de fer percés de portes en bronze. Dans l'épaisseur des arcades, des grilles montent du sous-sol et servent de défense. Ces grilles en fer sont richement ornementées de bronzes, dont deux petites figures, une Omphale et un Hercule, modelées par M. André Allar, statuaire. Les tympans des arcades, la frise au-dessus, sont ornés de disques en marbre vert de Gênes et de plaques en granit rose d'Écosse portant des inscriptions en bronze doré. Au-dessus de l'entablement du porche, et prolongeant les pilastres d'entre-colonnement, se dressent quatre groupes, femmes et enfants, représentant les quatre Saisons. Ces gracieuses compositions, qui s'adossent aux trumeaux de la façade et font corps avec eux, sont l'œuvre de M. Henri Chapu. Elles sont, par leur haute valeur artistique, le principal attrait de cette façade.

Au-dessus du porche, la pierre devient plus rare; elle se continue comme points d'appui de l'entablement qui, à la hauteur du deuxième étage, et sur cette façade principale, est orné d'une frise sculptée interrompue par une inscription en lettres de bronze doré sur fond de brèche blanche. Mais ces pilastres en pierre, qui du porche s'élancent et franchissent deux étages en formant entre eux trois larges travées ouvertes, seraient assurément trop isolés, si, comme sur les façades latérales, ils n'étaient reliés et contrebutés par un système de linteaux intermédiaires et d'arcs en fer qui supportent au passage tout l'entablement et l'étage d'attique au-dessus. Ces arcs en fer, soulagés par de minces colonnettes de même métal, raidissent ainsi toute cette partie de la façade et ont permis au-dessus de passer franchement l'architrave de pierre appareillée en plates-bandes. Les châssis de fermeture forment encore à l'intérieur de la façade un second plan d'entretoisement des pilastres et trumeaux en pierre.

Comme on a pu le remarquer, le bronze est partout, au Printemps, l'élément décoratif du fer. Ici, les colonnettes en fer se dissimulent à l'intérieur des fûts de bronze, les arcs et linteaux s'ornent de rinceaux et d'ornements qui enchâssent les marbres précieux. En effet, pour orner le fer utile, l'architecte a cru devoir faire appel à un autre métal. Les ornements en fer forgé eussent été trop grêles d'aspect et seraient peu détachés de l'ensemble. De plus, le fer demande un entretien de peinture constant. S'il se présente sous des formes divisées et multipliées, il s'oxyde d'autant plus facilement à l'humidité de l'air. Le bronze, au contraire, supporte aisément toutes les intempéries sans entretien nécessaire et, par ses masses, se prête davantage aux effets décoratifs. Aussi l'architecte en a-t-il fait dans le nouvel édifice le décor constant de la construction en fer, en ayant soin d'accentuer la différence des métaux au profit de la coloration générale. Tous les fers extérieurs sont donc peints en ton gris, avec quelques rebauts de bleu sombre, tandis que les bronzes restent sous une patine chaude quand ils ne sont pas dorés en plein.

Au-dessus de la façade principale, s'étend un étage d'attique très ouvert en forme de loggia avec colonnes en granit rose d'Écosse à bases et chapiteaux de marbre blanc. Cet étage d'attique se poursuit sur les pavillons circulaires par une large bande enveloppante de mosaïque sertie de cabochons émaillés avec des tons d'émeraudes et de rubis. Sur le fond d'or de cette mosaïque, se détache, en lettres blanches bordées de bleu, l'inscription « *Au Printemps* » dans un enlacement de végétations fleuries. Puis, pour compléter cette façade, ce sont encore les chéneaux sculptés, les sphinx en bronze doré, modelés par Ch. Gauthier statuaire, les acrotères ornés de marbres, les combles métalliques, les grandes lucarnes en œils-de-bœuf, les crêtes ajourées, les coupoles et les lanternons dont les plombs dorés étincellent au soleil.

Ainsi les marbres, les mosaïques, les terres émaillées, les bronzes et les ors ont été appelés concurremment à fournir les éléments décoratifs de l'édifice et en assurer la polychromie durable.

À l'intérieur, ces éléments de coloration se complètent par un parti général de décoration peinte dont les colorations fraîches et délicates seront respectées par la lumière électrique.

Le hall ou vestibule d'entrée conserve encore quelque chose du caractère de la façade principale, par l'accentuation en pierre des pavillons circulaires, par l'emploi des marbres, par son plafond à compartiments rayonnants qui enchâssent dans le fer et le bronze les mosaïques où, sur un fond d'or, s'enroulent des végétations printanières. Sous les coupoles surbaissées des rotondes voisines, la mosaïque apparaît encore et se découpe en arceaux sur un azur étoilé.

Mais au delà du hall et de ses rotondes, dans les galeries de vente, le décor n'apparaît plus que comme accentuation discrète de la construction. Le fer domine partout et l'utile devient la raison d'être de toutes formes. C'est ainsi que l'effet perspectif des longues galeries résulte de la disposition apparente des planchers en fer. Les entrevous seuls reçoivent une décoration peinte, sorte de velum brodé de fleurs épanouies ou d'ornements quelque peu inspirés par les traditions orientales, qui viennent égayer de notes claires la masse grise des fers. C'est qu'en effet, dans les galeries de vente, la sobriété du décor s'imposait. Ce sont les marchandises accumulées, les étoffes chatoyantes savamment exposées, ce sont les mille produits variés et tentants de la fantaisie parisienne, qui doivent constituer la vraie décoration de ces galeries. Le contenant ne doit plus servir que de cadre au contenu, pour le mettre en valeur et le laisser en toute lumière. Ainsi sont compris le rez-de-chaussée, l'entresol et les deux étages au-dessus, occupés par les trente-deux rayons de vente du Printemps. Les étages supérieurs réservés, comme nous l'avons dit, aux différents services, sont absolument réduits à la construction apparente pour toute décoration.

Il nous reste à parler de la grande nef. Ce vaste vaisseau de 50 mètres de longueur sur 12 mètres de largeur et d'une hauteur de 20 mètres sous double comble vitré, est destiné à éclairer et à aérer le vaste cube intérieur de l'édifice. Il a encore pour but de réunir et d'ouvrir sur un centre commun toutes les galeries de vente des différents étages et de faire profiter l'ensemble de l'animation qui règne dans chaque partie. C'est ainsi que des galeries qui bordent la nef, le regard peut embrasser tout l'édifice intérieur et jouir de l'activité générale.

Mais il fallait aussi qu'à côté des galeries si pleines et animées, cette nef ne parût pas vide et froide; c'est pourquoi un large pont transversal, à hauteur de l'entresol, meuble le milieu de la nef en offrant aux comptoirs de vente une surface précieuse, tandis qu'au premier étage, deux passerelles légères occupent l'espace et diminuent le parcours entre les galeries opposées. C'est pourquoi encore, aux deux extrémités de cette nef, les larges escaliers qui montent à l'entresol développent lentement leurs révolutions adoucies par des paliers intermédiaires plusieurs fois renouvelés.

Dans cette vaste nef, le décor reprend ses droits. Il faut animer l'espace et le réchauffer par certains rehauts de couleur, par les bronzes, les ors et les terres émaillées qui brillent ici comme des pierres précieuses sous l'ombre du chéneau supérieur orné d'un entrelac peint. Le fer s'enrichit de pièces de fonte qui remplissent les tympans des arcs, qui couronnent le sommet des piliers élancés et forment retombées aux arcs ajourés du comble. (Les têtes de femmes coiffées de peaux de lion qui surmontent les chapiteaux des piliers ont été modelées par André Allar, statuaire.) Pour étoffer les balustrades des galeries et des escaliers, le bois s'associe avec le fer forgé, le bois servant ainsi de transition entre le fer de la construction et le chêne du mobilier.

Enfin les marbres variés s'enchâssent dans les panneaux de fer des balustrades, et des colonnes en rouge Languedoc, avec bases et chapiteaux en marbre blanc sur piédestaux en roche d'Échaillon poli, supportent le pont-galerie transversal et les paliers d'arrivée des deux grands escaliers extrêmes. Tels sont, en y comprenant le grand plafond en vitraux, qui adoucit par la tonalité de son ornementation la crudité d'une lumière verticale, les éléments de décoration et de coloration de la nef intérieure du

Printemps, limitée aujourd'hui aux deux tiers de sa surface définitive par la conservation momentanée du n° 64 sur le boulevard Haussmann.

Nous devrions encore parler du mobilier, dont le caractère spécial complète la décoration de l'édifice (1); particulièrement, détailler les appareils en bronzes destinés à l'éclairage électrique : lustres des rotondes, grands bras du Hall, candélabres de la nef, suspensions des galeries, qui concourent tous à l'ornementation générale.

Pour terminer, il convient de citer les principaux collaborateurs de l'œuvre architecturale. Nous avons déjà nommé MM. Chapu, Allar, Gauthier statuaires; la sculpture ornementale en pierre a été exécutée par MM. Chédeville et Legrain. Les modèles pour le bronze, la fonte de fer, les plombs et les zincs fondus ou repoussés, ont été exécutés dans les ateliers de M. Devêche. MM. Trioullier frères ont fondu et ciselé les bronzes qui s'associent avec les fers forgés de MM. Baudet et Donon. M. Eugène Adan, chargé de la décoration peinte, a dessiné les grands cartons des mosaïques d'après les maquettes de l'architecte. Ces mosaïques ont été exécutées par M. Facchina dans ses ateliers du palais Labia à Venise. Les marbres ont été fournis par M. Parfonry et les terres émaillées sortent des fours de M. Lœbnitz.

II

SONDAGES, FONDATIONS, MAÇONNERIE.

Nous venons d'expliquer, dans une étude d'ensemble, la conception générale des nouveaux magasins du Printemps, en faisant ressortir le caractère architectonique de l'édifice, caractère qui résulte de l'alliance intime de la décoration avec la construction.

Nous entrons maintenant dans le détail de la construction et des moyens employés, en commençant par les fondations de l'édifice et en donnant les résultats des sondages qui les ont précédées.

Sondages.

En effet, l'architecte devait tout d'abord reconnaître le sol qui allait recevoir les assises puissantes des fondations ; il devait en même temps l'explorer pour y découvrir les niveaux d'eaux capables d'alimenter dans l'avenir les machines et les nombreux services d'un si vaste établissement.

Pour expliquer les différentes phases de ces travaux, habituellement en dehors de ceux de l'architecte, il nous faut entrer dans le domaine de la géologie et faire avec le

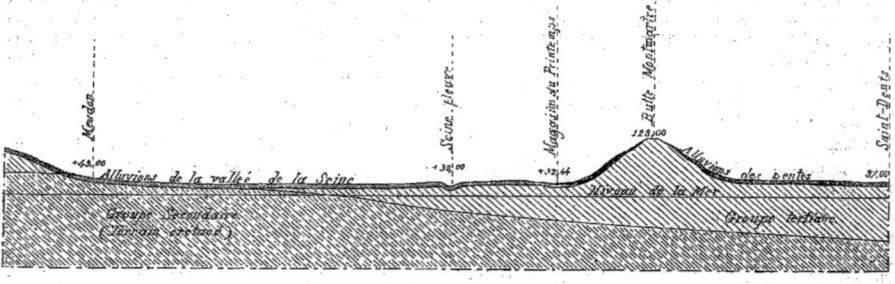

Fig. 1.

lecteur l'exploration du sol de Paris. On sait que, parmi les couches qui composent l'écorce terrestre, celles des environs de Paris sont reconnues comme étant le type le plus complet et le plus classique du terrain tertiaire. Le nom de bassin tertiaire parisien a été donné à l'ensemble de ce terrain, parce que toutes les assises qui le composent s'étendent d'une manière continue et en superposition régulière, au milieu d'une vaste dépression formée dans la craie. Des études faites par de savants géologues ont

(1) Les principales parties de ce mobilier ont été publiées dans le *Journal de menuiserie*. Les dix-sept planches reproduisent : les étagères à soieries, les tables en chêne, comptoirs du rayon des modes, comptoirs des chemises, caisses, tables à châles, exécutés par MM. Hariel, Mathéron et Guérot, menuisiers, sur les dessins de l'architecte. Elles complètent la monographie, forcément restreinte, parue dans l'*Encyclopédie*. (N. de la R.)

démontré que cette immense cuvette, dont Paris est à peu près le centre, avait ses bords inscrits entre Beauvais, Chartres, Orléans, Montargis, Provins, Épernay, Laon et Saint-Quentin, et qu'elle avait été, dans les temps géologiques, en communication avec les contrées du Nord, dont elle est séparée actuellement par les mers du Nord et de la Manche. Elle formait donc, à cette époque, une sorte de golfe qui fut alternativement envahi par les eaux douces et les eaux marines. De là cette variété de couches que l'on y rencontre et dont on reconnaît l'âge et la nature par le faciès du terrain, par les animaux qui y ont été enfouis et que l'on retrouve aujourd'hui à l'état fossile.

Le bassin tertiaire parisien a subi de nombreuses oscillations, des affaissements qui ont troublé en différents endroits la régularité de ses dépôts ; les couches dont il est composé ne s'observent pas à la même altitude et des dénivellations considérables, produites par des phénomènes d'érosion, en ont aussi modifié le relief superficiel.

On peut se faire une idée de l'importance de ces mouvements souterrains en supposant qu'une personne, qui ferait le trajet de Saint-Denis à Meudon, aurait à son point de départ la base du groupe tertiaire ou le commencement du groupe secondaire, c'est-à-dire la craie, à 140 mètres environ de profondeur, à partir de la surface du sol prise à la cote + 30 au-dessus du niveau de la mer (1), et qu'en arrivant dans la commune de Meudon, aux Moulineaux, par exemple, cette même personne terminerait son excursion sur cette même craie, à 24 mètres au-dessus du niveau de la Seine, soit la cote + 49 au-dessus de la mer (fig. 1).

Dans ce trajet de 15 kilomètres, elle aurait donc constaté une différence de 159 mètres dans la position d'une couche de terrain, et il en est à peu près de même pour quelques-uns des niveaux inférieurs de ce bassin.

Quant aux phénomènes d'érosion, ils ont laissé des traces plus visibles : les buttes de Romainville, de Montmartre et du Mont-Valérien, dont le sommet est à la cote + 161 au-dessus du niveau de la mer, ne formaient qu'un seul et même massif ; elles représentent les témoins épargnés par les courants qui ont anciennement creusé et descendu le thalweg de la Seine, dont le lit est actuellement à plus de 140 mètres du faîte du Mont-Valérien.

Tel est sommairement l'ensemble du sol, dont une partie allait être étudiée pour rechercher dans la surface du terrain occupé par les magasins, l'eau nécessaire à l'alimentation des ascenseurs, cuisines, water-closets, lavabos, et à la condensation des machines : car c'était une véritable usine qu'on allait créer dans le sous-sol, usine dont la force motrice ne devait pas être inférieure à 480 chevaux-vapeur.

Déjà de nombreuses recherches, conduites avec succès par M. Léon Dru, ingénieur sondeur, pour certains établissements publics et industriels de la capitale, faisaient espérer ce résultat. Il fut donc décidé qu'une étude des nappes, renfermées dans la base du groupe tertiaire, serait faite par M. Léon Dru, en vue d'obtenir la plus grande quantité d'eau possible. Toutefois on devait écarter provisoirement du programme la nappe supérieure des alluvions, car elle est généralement impure, et sa dépression dans le voisinage des constructions à édifier pendant plusieurs années, pouvant apporter quelques perturbations dans les fondations. La découverte des eaux, en raison de l'expérience acquise par des travaux antérieurs, fut limitée à l'exploration des couches du système crétacé supérieur.

Le projet de recherche devait consister dans le captage de deux qualités d'eau : la première pouvant alimenter les cuisines et les réfectoires de l'établissement ; la seconde, la plus considérable, devant être utilisée pour les autres services. Ce programme fut rempli à l'aide de trois trous de sonde, dont les tubages ont été échelonnés dans les différentes assises du sol.

La coupe géologique (fig. 2) montre la disposition d'un de ces puits, dont nous parlerons, et la succession des couches jusqu'à 101 mètres de profondeur.

Nous avons dit que les terrains sont très variés dans le bassin tertiaire parisien ; en effet, cette coupe ne représente qu'une faible partie de l'ensemble de la formation tertiaire et pour la compléter il faudrait se diriger vers la Butte-Montmartre, par exemple, pour retrouver d'abord les sables moyens, dits de Beauchamp, localité située aux environs de Paris, où cette formation se présente avec son entier développement. L'église Saint-Augustin et les immeubles de l'avenue du Roi-de-Rome ont leurs fondations creusées dans ces sables. Nous aurions ensuite les marnes et calcaires lacustres, dits de Saint-Ouen, dont on voyait il y a quelque temps les affleurements dans les terrains de la rue de Madrid. Enfin le gypse ou pierre à plâtre, recouvert par des marnes et argiles, servant à la fabrication des ciments qui forment tout le massif de la Butte-Montmartre. Au-dessus des derniers lits marneux, dont les gypses sont recouverts et dans lesquels on découvre, ainsi qu'à Romainville et au Mont-Valérien, de nombreuses coquilles d'huîtres, dont le gisement est au même niveau, se développe une couche de sable jaune et de grès appartenant à l'horizon de ceux de la forêt de Fontainebleau.

A cette zone de terrain ne s'arrêterait pas la série tertiaire ; il faudrait encore citer les meulières de Montmorency, de Châtillon, etc., qui reposent, empâtées dans des argiles jaunes ou bigarrées, sur les sables supérieurs de Fontainebleau.

Ces terrains n'existent donc pas sous les magasins du Printemps ; ils ont été emportés par les eaux du fleuve, qui a laissé comme trace les alluvions que l'on rencontre à la surface du sol. Ces alluvions, que l'on désigne également sous le nom de *diluvium*, sont mélangées et recouvertes à leur surface par les dépôts de l'ancien ruisseau de Ménilmontant, qui suivait les dépressions des rues de Provence et de la Pépinière. On retrouve à 6m,50 du sol les alluvions composées de sables, de graviers et de fragments de roche, qui contiennent souvent des traces des époques préhistoriques : des silex taillés et des os d'animaux antédiluviens, tels que rhinocéros, éléphants, rennes, etc.

Les alluvions reposent sur les sables moyens que nous venons de signaler et dont une épaisseur de près de 5 mètres existe encore à cet endroit.

La série des dépôts tertiaires se continue par des couches de marnes, de caillasses et, plus bas, par des bancs de calcaire jaune et glauconieux : c'est l'étage du calcaire grossier, si connu par les assises puissantes de pierre à bâtir que l'on rencontre aux environs de Paris, dans les vallées

---

(1) La côte + 30 représente un des points bas de la ville de Saint-Denis.

de la Bièvre, de la Marne, et principalement à Chantilly. Les catacombes de la ville ont été creusées dans cette roche qui a servi à la construction du vieux Paris.

Du côté de la rive droite de la Seine, les bancs calcaires sont plus rares, le faciès marneux domine; on ne peut donc pas les utiliser pour les constructions.

L'assise du calcaire grossier se termine sous les magasins du Printemps à 33ᵐ,54 de profondeur, et l'on retrouve au-dessous des argiles de différentes natures, pures ou ligniteuses et des sables plus ou moins aquifères. Les sables intercalés dans les couches argileuses renferment des nappes d'eau de bonne qualité qui alimentent les nombreux puits artésiens que l'on voit à Saint-Denis, Épinay, Bron, Annet, près Lagny. A Paris, ces nappes ne jaillissent pas; elles n'ont pas une assez grande pression, et le sol est en général à une altitude trop élevée; malgré cela, on peut obtenir ces mêmes eaux, qui sont les meilleures du terrain tertiaire, en les élevant au moyen de pompes pour le service d'industries et d'établissements publics.

Ces couches argileuses et sableuses, que l'on appelle sables et argiles du Soissonnais, parce que leur importance dans cette région et les niveaux fossilifères qui y ont été découverts en ont fait le prototype de la formation, se terminent à Paris par des argiles gris bleuâtre et marbrées. On vend quelquefois celles-ci pour détacher les étoffes; mais elles sont surtout recherchées

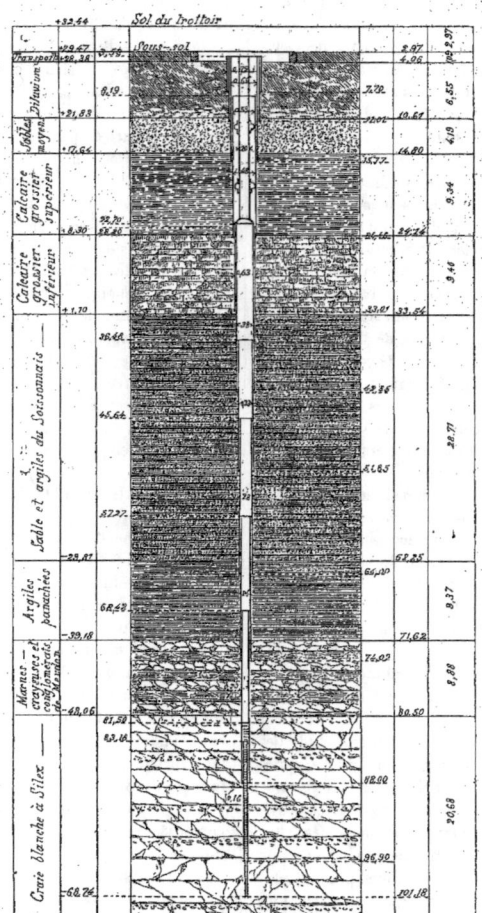

Fig. 2.

par les statuaires pour le modelage et pour les produits céramiques.

Les dernières assises du terrain tertiaire sont représentées par des marnes strontianifères blanches, onctueuses au toucher, associées à des sables et à des conglomérats que l'on voit à Meudon et dans lesquels on a recueilli de nombreux fossiles de reptiles, de mammifères dans le genre du tapir, et d'un oiseau marcheur dépassant la taille de l'autruche (le *Gastornis Parisiensis*).

Ici se termine le groupe tertiaire qui n'a pas à Paris moins de 300 mètres d'épaisseur. En dessous, on trouve le groupe secondaire qui commence par la craie proprement dite, que le puits artésien de Grenelle a traversé sur une hauteur de 470 mètres. La couche supérieure du terrain crétacé, la craie blanche, est exploitée à Meudon et à Bougival pour la fabrication du blanc dit d'Espagne. Dans sa masse, on retrouve des niveaux d'eau dont les plus rapprochés du sol ont été captés dans l'un des sondages des magasins du *Printemps*.

Notre sous-sol parisien contient donc des meulières, sables, grès, argiles, gypses et calcaires, et c'est grâce à la diversité de ces richesses naturelles que nous pouvons mettre en œuvre à la fois dans nos constructions : la pierre, la brique, le plâtre, le ciment, la chaux, la faïence, etc. Ce sont là, il faut le reconnaître, des conditions exceptionnelles que bien des capitales étrangères peuvent envier à Paris.

Après cette description sommaire, il est plus facile de se rendre compte du rôle que doit jouer l'étude du sol dans l'organisation d'une entreprise aussi considérable que celle des magasins du *Printemps*. Mais, avant d'en démontrer l'importance dans la question des fondations, nous allons faire connaître les résultats qui ont été obtenus au point de vue de l'alimentation des divers services intérieurs de cet établissement.

Les forages ont été exécutés, au nombre de trois, dans le sous-sol de l'établissement, et, comme leur proximité aurait pu nuire au volume d'eau débité par chacun d'eux, on les a échelonnés dans les terrains à des profondeurs différentes, de façon à recueillir les niveaux d'eau qui parcourent les couches de terrain indiquées dans la coupe géologique n° 2.

Le premier trou de sonde a été entrepris au diamètre de 85 centimètres et terminé à 45 centimètres, à la profondeur de 35 mètres.

Le deuxième, coupe n° 2, est destiné à recueillir les eaux des sables du Soissonnais et de la craie, leur qualité permettant de les conserver pour les usages domestiques. Une disposition spéciale du tubage les amène près du sol et les sépare des nappes du calcaire grossier inférieur très abondantes, et que l'on peut prendre dans un espace annulaire formé par les tubes. Ce puits a donc deux aspirations, l'une prenant l'eau dans le tubage central, qui a 16 centimètres de diamètre et qui descend jusqu'à 96^m,90; l'autre dans l'espace laissé libre entre ce tubage et les premiers tubes descendus. Ainsi qu'on le remarquera, les prises d'eau souterraines ont des diamètres assez limités, compris entre 16 et 45 centimètres, et le revêtement métallique qui garnit leur paroi a la forme télescopique, ce qui permet de réunir dans un même tubage un nombre plus considérable de niveaux.

Le troisième trou de sonde fut commencé à un plus grand diamètre, 95 centimètres; il pourra plus tard, si cela est indispensable, donner les eaux de la nappe d'infiltration du diluvium que l'on a en principe écartées du programme. Un tubage à double enveloppe sépare cette première nappe de celles du calcaire grossier inférieur et supérieur. Le forage s'arrête à 53^m,29 avec un diamètre de 30 centimètres.

Les trois sondages, qui forment en réalité quatre puits, fournissent ensemble un volume d'eau d'environ 2400 mètres cubes par vingt-quatre heures, la nappe très abondante du diluvium n'étant pas utilisée.

En ce qui concerne l'étude du système des fondations et la résistance du sol, on ne pouvait oublier que les magasins du *Printemps* se trouvaient en bordure sur le parcours de l'ancien ruisseau de Ménilmontant, et que ce voisinage avait pu donner lieu à des dépôts plus récents que les alluvions anciennes de la rivière, d'une composition moins homogène et offrant une faible résistance pour l'assiette des fondations. Ces suppositions furent confirmées par de nombreux sondages d'exploration, qui démontrèrent en effet que les alluvions de la vallée de la Seine, généralement composées de gros graviers roulés formant un terrain solide et résistant, étaient, en cet endroit, recouvertes d'un terrain de transport plus récent, composé de sables fins, fluides, et d'argiles, dont la coupe géologique ci-contre (fig. 2) indique la position.

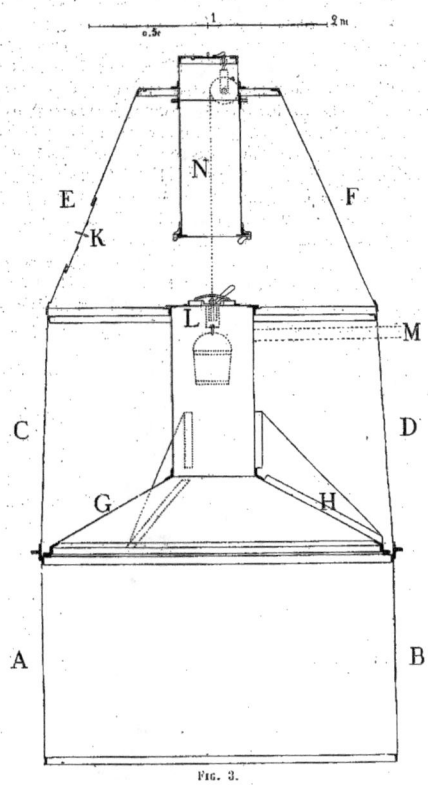

Fig. 3.

COUPE DE L'APPAREIL EMPLOYÉ POUR LES FONDATIONS PAR L'AIR COMPRIMÉ.
Légende.
AB. Caisson de fondation, cylindre en tôle.
CD. Cloche en tôle } mobiles.
EF. Cône en tôle
GH. Plafond en tôle sur lequel sont accumulées les terres extraites, pour équilibrer la sous-pression intérieure dans le caisson de fondation.
K. Porte d'entrée des ouvriers et sortie de l'excédent des terres enlevées.
L. Porte écluse d'air donnant accès dans le caisson.
M. Tuyau d'introduction de l'air comprimé.
N. Tube mobile pour le coulage du béton.

A ces circonstances défavorables s'ajoutait celle de la présence d'une nappe d'infiltration qui devait rendre difficile l'exécution des tranchées et des excavations destinées à recevoir le béton, le fond du sous-sol se trouvant fixé à 2^m,90 au-dessous du trottoir de la chaussée, soit à 50 centimètres environ du niveau haut de cette nappe très variable. Déjà par des travaux antérieurs, lors de l'établissement d'un ascenseur rue de Provence, dans les anciens magasins du *Printemps*, on avait été aux prises avec de sérieuses difficultés par suite de la fluidité des terrains et de l'abondance de la nappe d'infiltration.

Mais les sondages relevaient en même temps à une profondeur de 2 mètres plus bas la présence du diluvium de la vallée de la Seine. Là, le sable était épuré d'argile et mélangé de grèves et de cailloux qui lui donnaient une densité capable de porter une charge de 6 à 8 kilogrammes par centimètre carré, tandis qu'à la partie supérieure, sur le sable argileux, il n'était pas prudent de mettre plus de 2 kilogrammes par centimètre carré.

Or, la construction à huit étages qu'il s'agissait d'édifier ne comportant aucun mur, mais seulement des piles ou piliers, les charges se trouvaient considérables pour chaque point d'appui, et pour établir la fondation sur la partie supérieure de la couche argileuse, ces fondations auraient nécessité des surfaces de béton énormes, surmontées de piles colossales en pierre.

Il était donc désirable de pousser les fondations 2 mètres plus bas et de ramener au minimum la surface à fonder, en traversant les terrains de transport argileux et en s'établissant directement sur le diluvium de la vallée de la Seine. Des puits cylindriques, de 2^m,50 à 3 mètres de diamètre en béton, sur une hauteur de 2 mètres, devaient offrir la surface nécessaire pour que le diluvium pût résister aux charges prévues; la charge maxima étant 350 000 kilogrammes, la charge minima 230 000 kilogrammes.

Il ne restait donc plus qu'à déterminer le mode d'exécution de ces fondations. Dans les conditions du sol, il y avait un danger sérieux à recourir au procédé ordinaire des batardeaux avec palplanches, dans lesquels on épuise les eaux pour y descendre le béton. Un tel procédé pouvait, en déprimant la nappe superficielle très abondante, amener le déplacement des sables supérieurs, désagréger le sol et affecter les substructions voisines. C'est pourquoi l'architecte adopta les procédés de fondations à l'air comprimé, procédés usités pour les fondations en rivière et dont aucune application n'avait encore été faite dans les constructions de Paris.

M. Zschokke, qui s'est fait une spécialité de ces travaux tant à la mer qu'en rivière, fut appelé pour l'exécution de ces fondations, qu'il mena avec une grande rapidité.

Pour chaque fondation de pilier on employait (fig. 3) un caisson cylindrique étanche AB de 2^m,50 et 3 mètres de diamètre sur 2 mètres de hauteur, en tôle de 4 millimètres, armée dans la hauteur de deux cornières circulaires de $\frac{60 \times 60}{8}$ et à la partie inférieure d'un fer plat de 200 × 10 formant tranchant. Ce caisson, devant traverser la couche d'eau, était surmonté de deux troncs de cône GH en tôle étanche et réunis entre eux par une cloche en tôle CD, que l'on boulonnait sur la cerce supérieure du caisson.

Ces deux cônes supérieurs, établis: l'un intérieur GH, à 30 degrés d'inclinaison, l'autre extérieur EF, à 60 degrés environ, constituent l'écluse à air nécessaire au procédé. Ils sont munis chacun d'une porte permettant la communication du dehors à l'intérieur de l'écluse (en K), et de l'intérieur de l'écluse à l'intérieur du caisson (en L). Des robinets permettent d'établir l'égalité de pression entre les deux milieux que l'on veut faire communiquer, égalité sans laquelle on ne pourrait faire manœuvrer les portes. Enfin à la partie supérieure de cet appareil est un treuil pour lever les bennes.

Une conduite M en caoutchouc, de 70 millimètres environ de diamètre, qui traverse les deux cônes, envoie dans l'intérieur du caisson l'air comprimé en moyenne à 5/10 d'atmosphère par une machine soufflante installée dans le chantier. Cet air refoule l'eau et permet aux ouvriers de travailler à sec dans l'intérieur du caisson, qui descend au fur et à mesure du dégagement de son tranchant. Le déblai monté du caisson est rejeté entre les deux enveloppes et donne ainsi au caisson une surcharge croissante, nécessaire pour équilibrer la sous-pression produite par l'air comprimé, et, en outre, la résistance due au frottement des terres contre la paroi métallique.

Avant le coulage du béton, on rejette à l'extérieur de l'écluse les déblais en surcharge qui se trouvent compensés par le poids de l'appareil métallique.

Alors on fait par le tube mobile N, fixé à la partie supérieure du cône EF, et au moyen d'éclusages successifs, l'introduction du béton jusqu'au fond du caisson. On pilonne fortement ce béton au fur et à mesure de son introduction, et, quand il est arrivé au niveau que l'on désire atteindre pour la pose des libages, on continue à souffler quelques heures encore pour empêcher l'eau de remonter et laisser au mortier de chaux hydraulique le temps de faire prise.

Cela fait, il ne reste plus qu'à déboulonner le double cône composant l'écluse et le transporter sur un autre caisson. Vingt-quatre heures suffisent pour faire la fondation complète d'un puits de 2^m,50 de diamètre, dont dix heures pour le fonçage proprement dit et l'extraction, et quatorze heures pour le coulage du béton et le pilonnage.

L'air comprimé nécessaire pour refouler l'eau et pour remplacer l'air qui se perd par la manœuvre de l'éclusage est fourni par une machine soufflante à double effet et à deux cylindres du système Sautter et Lemonnier.

Afin d'éviter l'échauffement résultant de la compression de l'air, on y injecte continuellement de l'eau à l'état vésiculaire.

Les différentes opérations ci-dessus terminées, il suffit d'enlever le cône supérieur pour que les terres ou déblais formant contre-poids à la sous-pression s'éboulent et puissent être transportées au delà. Le cône intérieur est ensuite déboulonné et enlevé, pour ne laisser dans la fondation que le caisson métallique qui forme enveloppe du puits cylindrique en béton et concourt à sa résistance.

Ainsi furent établies les fondations des quarante-six piliers en fer intérieurs du *Printemps* actuel. De même furent fondées les piles en pierre des façades extérieures, celles du grand vestibule ou hall et celles des rotondes.

Les charges que devaient recevoir les puits de fondation étaient variées en raison de la disposition des points d'appui supérieurs. Ainsi les piliers en fer des façades et les piles en pierre auxquelles ils sont adossés donnent ensemble avec la charge et la surcharge prévues des planchers correspondants, un poids total de 265 000 kilogrammes, alors que les piliers en bordure sur la nef intérieure ne produisent à leur base qu'une charge de 230 000 kilogrammes, et tandis que certains autres piliers intermédiaires, chargés de tous côtés, reçoivent des poids considérables, qui s'élèvent jusqu'à 350 000 kilogrammes. C'est pourquoi, sous certains points d'appui, très chargés, le diamètre du puits de fondation a été porté à 3 mètres au lieu de $2^m,50$, diamètre adopté pour la plupart des autres caissons (1).

Fondations des machines à vapeur.

La mise en mouvement des machines dynamo-électriques nécessaires à l'éclairage des nouveaux magasins du *Printemps* devant exiger 500 chevaux de force, il fut reconnu indispensable de prendre des dispositions spéciales pour exécuter les fondations auxquelles devaient s'attacher les paliers des arbres principaux actionnés par les quatre puissantes machines horizontales (types Corliss et à pilon système Compound) demandées aux Usines du Creusot.

---

(1) Pour compléter ces explications, nous avons donné (pl. 977 et 998) le plan et la coupe d'un caisson et d'un pilier en fondation. Ce pilier représente le pilier isolé le plus chargé, soit 350 000 kilogrammes.
Voici les calculs de résistance pour ce caisson et ce pilier.

Travail du béton.

Surface du béton .... $7^{mq},06867^{c/m^q}$
— du dé en pierre .... $2^{mq},25^{c/m^q}$
— de la tôle formant la base du pilier .... $1^{mq},00$

D'après les résultats constatés par les ingénieurs spéciaux des travaux sous-marins, la résistance minima du béton en caisson est de 10^k par centimètre carré.

Résistance du béton = $\frac{350.000}{22.500}$ = $15^k,5$ par $^c/m^q$
— de la pierre = $\frac{350.000}{10.000}$ = 35^k, par $^c/m^q$
— du pilier $6^k,03$ par $^m/m^q$

Travail du pilier en fer.

Chargé = 350.000^k Ame 5.400
Section = $90.4000^{m^q/m^q}$ Plates-bandes... 65.000
R = $\frac{350.000}{90.400}$ = $3^k,86$ Plats 5.000
   Cornières 9.000
   .... 6.000
   Total 90.400

Coefficient de flambage = 1,568
R = $3^k,86 \times 1,568 = 6^k,03$ par $^m/m^q$.

D'autre part, ces machines ayant besoin de volants d'un grand diamètre, il était nécessaire, vu la hauteur très limitée sous plafond du sous-sol, de loger partie de ces volants dans le sol, tout en conservant son étanchéité.

L'architecte décida la construction d'un caisson métallique de $12^m,75$ de longueur sur 4 mètres de largeur et 2 mètres de hauteur en tôle assemblée de $0^m,006$ d'épaisseur, pour établir en contre-bas de la nappe d'infiltration la fondation par l'air comprimé d'un massif en béton de $1^m,20$ de hauteur. Dans ce massif, qui allait recevoir les énormes assises en pierre des paliers des quatre arbres principaux, devaient être ménagés les vides nécessaires pour loger la partie inférieure des volants.

Ce caisson rectangulaire, armé de goussets supportant un plafond étanche en tôle, monté à boulons et maintenu par une série de filets extérieurs, a été foncé au moyen des deux écluses à air de $2^m,50$ et de 3 mètres de diamètre qui avaient servi aux autres fondations. Elles furent appliquées sur deux ouvertures ménagées au plafond du caisson.

La surcharge nécessaire à la descente du caisson était formée par des déblais de sable renfermés dans des sacs; on les entassait sur le plafond au fur et à mesure, en raison de l'effort de la sous-pression intérieure.

Ce caisson, de 51 mètres superficiels, fut descendu à 3 mètres en contre-bas du sol du sous-sol, et à 2 mètres en contre-bas du niveau statique des eaux. Arrivé à ce point, pour résister à la sous-pression, le caisson devait être chargé de 100 000 kilogrammes de sable.

Ce travail considérable fut exécuté avec une réussite complète, malgré les nombreuses difficultés inhérentes à l'entreprise, et malgré les embarras d'un chantier très restreint.

Nous donnons (pl. 998) le plan et la coupe de ce caisson.

Maçonnerie.

Si, comme on le voit, le fer joue un rôle prépondérant dans les nouvelles constructions du *Printemps*, la pierre y tient cependant une place importante comme construction et comme décoration. Tout d'abord, en contre-bas du sous-sol, fortement assis sur les puits en béton de meulière concassée et mortier de chaux hydraulique, des libages de $1^m,50$ au carré, en roche grise de Chassignelles (Yonne), reçoivent la base des piliers en fer et répartissent sur la surface du béton les charges énormes portées par ces piliers.

Sous le pourtour des façades extérieures, des piles en roche d'Euville (Meuse) correspondent aux piles en pierre des façades en élévation et sont reliées entre elles par des murs en meulière et mortier de chaux hydraulique de $0^m,80$ d'épaisseur, et par des arcs de décharge qui prennent naissance directement sur les massifs en béton des caissons métalliques voisins. Ainsi se trouve formé, dans la hauteur du sous-sol, le périmètre extérieur de l'édifice.

Ces murs sont protégés contre l'humidité des terres adossées par un enduit extérieur en ciment, et les piles elles-mêmes sont garanties contre l'humidité ascendante du sol par des nappes de plomb interposées entre les deux assises inférieures, et qui interceptent la capillarité. Toutes ces pierres, d'un cube et d'un poids considérables, ont été posées à la louve au moyen d'engins spéciaux d'une grande puissance.

Tels sont les matériaux employés au-dessous du rez-de-chaussée.

Au-dessus du sol, au niveau du trottoir, une assise courante en liais de Corgoloin (Côte-d'Or) sert de base à tout le monument. Ce calcaire très dur, à pâte fine, susceptible de poli, forme un riche soubassement favorable au contact de la foule qui se presse devant les étalages des nouveaux magasins.

Sur ce soubassement robuste, la façade principale sur la rue du Havre, les pavillons circulaires des angles, les piles isolées des longues façades sur le boulevard Haussmann, sur la rue de Caumartin et sur la rue de Provence, superposent leurs assises de pierre suivant des calculs de résistance réguliers. Ainsi, du soubassement à l'entresol, assises en pierre dure de Chassignelles ; de l'entresol au premier étage et pour les piles isolées, pierre de Tercé (arrondissement de Poitiers), calcaire demi-dur, d'un grain fin ; du premier étage au couronnement de l'édifice, banc royal de Château-Gaillard, pierre plus tendre, à grain très fin ; ces trois natures de pierre s'harmonisant d'ailleurs parfaitement comme couleur et comme grain, et se prêtant bien à une belle exécution des profils et des sculptures.

Les travaux de maçonnerie ont été exécutés par MM. Sudrot et Périer.

III

CHARPENTE EN FER. — FERRONNERIE. — SERRURERIE.

Ce qu'il fallait avant tout, dans les nouveaux magasins, c'était de l'espace et du jour. En multipliant les étages sur un terrain de 3000 mètres environ, on a facilement trouvé près de 21 000 mètres pour satisfaire aux besoins d'espace. Quant au jour, il devait être obtenu par les façades du quadrilatère et par la couverture vitrée d'une nef centrale. Aussi pas un mur à l'intérieur, pas un à l'extérieur sur le périmètre de l'édifice, mais seulement des piliers isolés en nombre aussi restreint que possible et de section réduite.

A cette condition impérieuse de supprimer tous murs, s'ajoutait la nécessité d'établir dans les étages supérieurs toutes les réserves de marchandises afin de conserver à la vente les étages inférieurs.

Les charges considérables qui devaient ainsi être accumulées dans la partie supérieure de l'édifice, imposèrent à l'architecte l'obligation d'adopter le métal (fer ou fonte) pour la construction des piliers, tout en réservant la pierre pour accentuer à l'extérieur les grandes lignes architecturales et servir à leur décoration.

En effet, la pierre dure ordinaire ne peut porter que 28 à 30 kilogrammes par centimètre carré, tandis que le fer et la fonte peuvent porter de 600 à 800 kilogrammes par centimètre carré.

Or la charge à supporter pour certains piliers distants de 7 à 8 mètres devait s'élever à 350 000 kilogrammes, ce qui eût conduit à des piles en pierre de plus d'un mètre carré.

Les piliers métalliques s'imposaient donc.

Mais ces charges considérables sur des points isolés conduisaient à des fondations par puits qui motivaient quelque appréhension, en raison des difficultés que l'on avait eu à vaincre antérieurement lors de l'établissement d'un ascenseur sur la rue de Provence. On sait que la nature du terrain dans ce quartier, en contre-bas du niveau du sol des caves, est très fluide, se composant de sable très fin, d'argile et d'eau. L'épuisement des fouilles de fondation par batardeau y est toujours plein d'incidents et périlleux. En outre, la consistance de ce terrain ne permet guère de lui faire supporter plus de 2 kilogrammes par centimètre carré, ce qui aurait nécessité des surfaces de 16 à 18 mètres carrés de fondation, et, par suite, des sections colossales de piles en maçonnerie dans le sous-sol pour répartir la charge du pilier sur cette grande surface de béton.

Or des sondages, faits en différents points du terrain à couvrir de constructions, établissaient qu'à $2^m,50$ environ en contre-bas du sol du sous-sol, on rencontrait un diluvium absolument dépourvu d'argile, ne renfermant que du sable mouillé et du caillou, et dont la consistance permettait de lui faire supporter une charge d'au moins 6 kilogrammes par centimètre carré, ce qui pouvait permettre de réduire la surface de fondation à 6 mètres carrés environ, et par contre à débarrasser le sous-sol de ces énormes piliers en pierre. Mais les difficultés des fondations par batardeau et par épuisement devaient croître avec la profondeur de la fouille à faire. On en vint bien vite à rejeter ce système, pour utiliser un procédé tout à fait inverse, inusité jusque-là dans les travaux de Paris, et très usuel déjà dans nos grands travaux publics maritimes et fluviaux : le procédé de fondation à l'air comprimé.

La facilité avec laquelle ce procédé permet de résoudre les questions de fondation les plus difficiles, a amené différents entrepreneurs ingénieux à établir des appareils variés pour résoudre les questions si diverses qui se présentent dans les fondations submergées.

M. Zschokke, appelé par l'architecte à appliquer aux fondations du *Printemps* ses procédés, qui lui ont déjà onquis une certaine notoriété dans les grands travaux publics, a conduit ces travaux de fondations avec une grande habileté et très rapidement : vingt-quatre heures suffisaient pour foncer un puits et le remplir de béton. Ce travail, qui a eu pour effet capital de donner toute sécurité dans l'avenir, a permis de descendre l'empattement des piliers métalliques jusqu'à 30 centimètres en contre-bas du sol des caves, dans l'intérieur même du caisson en tôle servant d'enveloppe au béton, et de désencombrer ce sous-sol des larges piliers de maçonnerie que tout autre système aurait nécessités.

I

Sur des fondations ainsi bien établies, on pouvait édifier sans crainte l'importante ossature métallique nécessaire.

La fonte se prêtant à toutes les formes et à toutes les décorations, et étant par sa résistance à la compression une matière essentiellement convenable pour supporter les charges, semblait, comme d'usage, devoir être préférée pour l'établissement des piliers métalliques. Mais la nécessité d'établir sur des points isolés et largement espacés une construction relativement étroite (9 mètres environ entre la nef et la rue de Provence), comportant 7 étages de magasins et de réserves, et le comble chargé lui-même de réservoirs de grande capacité, a déterminé l'emploi du *fer*, qui, non moins résistant que la fonte à la compression, se comporte infiniment mieux qu'elle aux efforts de flexion.

L'industrie de la construction en fer, considérablement développée depuis un certain nombre d'années par l'établissement des grands ponts métalliques, permettant l'exécuter des pièces de très grandes dimensions qui ne sont limitées que par le matériel des chemins de fer et des camionneurs, l'architecte a conçu l'exécution de ses points d'appui sous forme de piliers rectangulaires en tôles et cornières d'un seul jet depuis le sous-sol jusqu'aux combles, — soit 25 mètres environ de hauteur verticale, — pour se continuer ensuite en courbe et former fermes de comble.

L'entreprise de cette importante construction a été confiée à la Maison Baudet, Donon et Cie, dont les nombreux travaux ont depuis longtemps affirmé la haute valeur, et dont les vastes ateliers assuraient une exécution rapide.

A l'intérieur de cette construction par pylones à sections rectangulaires, l'architecte a réservé deux caissons continus permettant d'y installer toute la distribution des appareils de chauffage à la vapeur, des prises d'air frais et des conduits d'air vicié que l'on va rejeter ainsi au-dessus des combles. Certains de ces caissons sont réservés à la canalisation des eaux ascendantes et descendantes.

La fonte ne donnait pas ces avantages, et, si le fer se prête moins qu'elle à la décoration, d'autre part il force à une grande sobriété dans les formes, ce qui peut être considéré comme un désidératum dans une construction qui a un but industriel.

Pour déterminer la résistance de ces piliers dont la section a été tout d'abord fixée à 50 centimètres environ sur chaque côté pour y trouver les vides nécessaires aux conduits précités, il était indispensable de se rendre un compte exact des charges qu'ils auraient à supporter.

Ces charges sont de deux espèces : la charge morte et la charge roulante ou accidentelle. La charge morte se composant du poids de toutes les parties de la construction qui forment un plancher (poutres, solives, entretoises, briques, plâtre, lambourdes, parquet), il y avait lieu de déterminer tout d'abord la construction de ce plancher. La multiplicité des étages ayant conduit à des hauteurs un peu réduites, il était intéressant de diminuer autant que possible l'épaisseur du plancher. L'architecte a atteint ce résultat en se servant pour les entrevous du plus petit échantillon des solives en fer double T ordinaires du commerce, c'est-à-dire de T de 80 avec une portée ne dépassant pas 2 mètres. Le hourdis étant formé de briques creuses posées à bain de plâtre sur entretoises en fer de 14 millimètres et fentons de 11 millimètres, on a pu réduire à *dix-neuf* centimètres l'épaisseur du plancher, compris plafond, lambourdes et parquet.

Ces entrevous reposent sur les ailes intermédiaires de longues poutrelles en forme de triple T, lesquelles, ayant leur partie supérieure noyée dans le hourdis, ne font saillie en contre-bas que de 15 centimètres environ.

Des poutres principales reliant les piliers reçoivent à leur tour, au moyen d'un sabot de fonte orné, l'extrémité des poutrelles, et ont également leur partie supérieure noyée dans le hourdis.

On a ainsi obtenu un plancher très réduit comme épaisseur et une décoration naturelle et sobre du plafond par ces poutres et solives apparentes à têtes de rivets saillantes, bien symétriquement établies.

En tenant compte de la charge accidentelle sur ces planchers pour le calcul des poutres et solives, on est arrivé à 280 kilogrammes environ pour la charge morte par mètre carré.

La charge accidentelle établie après pesée des marchandises les plus lourdes et les moins volumineuses telles que les indiennes, en tenant compte des espaces occupés par les comptoirs, comme aussi de l'agglomération probable dans les espaces réservés à la circulation, a été fixée à 520 kilogrammes environ. Ces calculs donnaient une charge totale de 800 kilogrammes à compter par mètre carré de plancher pour chaque étage des magasins.

Le dernier étage situé dans les combles et réservé aux cuisines et réfectoires n'est établi que pour une surcharge de 250 kilogrammes, et une charge morte de 250 kilogrammes, soit ensemble 500 kilogrammes par mètre carré.

Mais le plancher du rez-de-chaussée, en raison de sa

situation de plain-pied avec les rues et de sa grande proportion de hauteur, devant nécessairement avoir à supporter une plus grande agglomération de public et de plus hautes piles de marchandises, a été établi pour une surcharge de 800 kilogrammes, ce qui a conduit à 400 kilogrammes de charge morte en renforçant les poutres et solives et diminuant les entrevous.

Les charges des différents planchers ainsi bien déterminées, on a calculé les sections des piliers en les considérant comme encastrés à chaque étage en raison des vigoureuses attaches des poutres et de leurs consoles.

Les charges qui intéressent la section inférieure des piliers, c'est-à-dire au sous-sol, s'établissent comme suit par mètre carré de projection :

1° Plancher haut du sous-sol....... $400 + 800$ = 1200 kilogrammes.
2°   —   du rez-de-chaussée $280 + 520$ = 800   —
3°   —   de l'entresol.....   —   = 800   —
4°   —   du 1er étage.....   —   = 800   —
5°   —   du 2e étage.....   —   = 800   —
6°   —   du 3e étage.....   —   = 800   —
7° Plancher intermédiaire du comble $250 + 250$ = 500   —
8° Comble et faux planchers évalués............. 300   —
9° Piliers, crêtes, lucarnes, réservoirs évalués... 600   —
                                 Total..... 6600 kilogrammes.

Ces piliers ayant des charges variées suivant qu'ils sont sur le périmètre extérieur de la construction et du hall, ou qu'ils sont à l'intérieur plus ou moins éloignés les uns des autres, à cause de l'irrégularité du quadrilatère, nous donnons ci-dessous les calculs :

1° D'un pilier du périmètre;
2° D'un pilier intérieur le moins chargé;
3° D'un pilier intérieur le plus chargé.

I. *Pilier de périmètre, boulevard Haussmann.* — Surface de projection à porter : $7^m,80 \times 3^m,20 = 25^{mq}$; charge : $25^{mq} \times 6600^{kg} = 165\,000^{kg}$.

Section du pilier (fig. 4) :

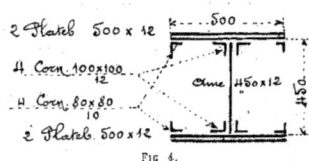

Fig. 4.

Ame......... 450×12 = 5 400 millimètres carrés.
4 plates-bandes 500×12 = 24 000   —
4 cornières... $\frac{100 \times 100}{12}$ = 9 000
4   —   ..... $\frac{80 \times 80}{10}$ = 6 000
                  Total..... 44 400 millimètres carrés.

Charge par millimètre carré : $\frac{165\,000}{44\,400} = 3^{kg},7$.

La hauteur du pilier au sous-sol étant 3 mètres environ, et la largeur du pilier $0^m,500$, le travail du métal doit, pour tenir compte de la tendance au flambement, et d'après les coefficients de la formule de Love, être multiplié par :

$$1{,}55 + 0{,}005 \left(\frac{3}{0{,}5}\right)^2 = 1{,}55 + 0{,}0005 \times 36 = 1{,}568.$$

Donc $R = 1{,}568 \times 3^{kg},7 = 5^{kg},80$.

II. *Pilier intérieur le moins chargé.* — Surface : $4^m,50 \times 7^m,80 = 35^{mq}$; charge : $35^{mq} \times 6600^{kg} = 230\,000^{kg}$.
Section du pilier (fig. 5) :

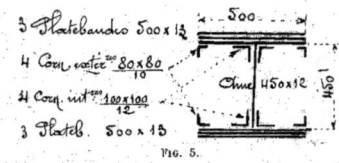

Fig. 5.

Ame......... 450×12 = 5 400 millimètres carrés.
6 plates-bandes. 500×13 = 39 000   —
4 cornières... $\frac{100 \times 100}{12}$ = 9 000
4   —   ..... $\frac{80 \times 80}{10}$ = 6 000
                  Total..... 59 400 millimètres carrés.

Charge par millimètre carré : $\frac{230\,000}{59\,400} = 3^{kg},87$.

Donc $R = 1{,}568 \times 3^{kg},87 = 6^{kg},07$.

III. *Pilier intérieur le plus chargé.* — Surface : $7^m,80 \times 7^m = 55^{mq}$; charge : $55^{mq} \times 6600^{kg} = 348\,000^{kg}$.
Section du pilier (fig. 6) :

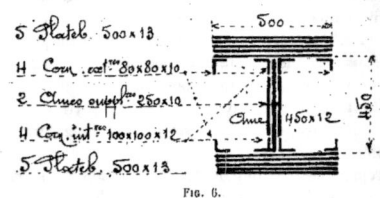

Fig. 6.

Ame.......... 450×12 = 5 400 millimètres carrés.
10 plates-bandes 500×13 = 65 000   —
2 plates-bandes intermédiaires.. 250×10 = 5 000   —
4 cornières... $\frac{100 \times 100}{12}$ = 9 000
4 cornières..... $\frac{80 \times 80}{10}$ = 6 000
                  Total .... 90 400 millimètres carrés.

Charge par millimètre carré : $\frac{34\,800}{90\,400} = 3^{kg},85$.

Donc $R = 1{,}568 \times 3^{kg},85 = 6^{kg},03$.

e cahier des charges de l'architecte indiquait pour le
ail du fer dans les pièces principales de cette ossature,
ers et poutres, le coefficient de sécurité de 6 kilo-
mmes seulement par millimètre carré, imposé dans les
aux des Ponts et Chaussées; mais pour toutes les
es secondaires, telles que poutrelles, solives, etc., ce
fficient a été élevé à 8 kilogrammes par millimètre
é afin de ménager à cette construction industrielle
es les économies compatibles avec la sécurité.
es piliers ci-dessus, travaillant de 5^{kg},80 à 6^{kg},07, sont
c dans d'excellentes conditions.
ien entendu, les épaisseurs du métal sont réduites
s les sections de chaque étage à mesure que les charges
inuent.
es piliers de 25 mètres n'étant pas transportables dans
rues de Paris et ne pouvant être maniés dans l'espace
ativement restreint dont on pouvait disposer sur le
ntier, on a dû les morceler en deux tronçons de 5 à
0 kilogrammes chacun, que l'on réunit ensuite au
yen de rivets et de boulons.
es tronçons inférieurs portent un large patin carré en
forte de 15 millimètres d'épaisseur et de 1 mètre de
é pour répartir la charge sur la fondation en béton par
termédiaire d'un libage en pierre dure. Ces tronçons
oivent les poutres des trois premiers planchers avec
assemblages à nombreux boulons sur consoles en tôle,
quelles ont en outre pour but de résister au roulement
cette immense construction.
Des poutrelles formant solives viennent ensuite, comme
été dit plus haut, par un assemblage dans les poutres
ncipales, former des plateaux indéformables qui con-
tent la résistance des piliers en les contre-butant dans
r hauteur tous les 4 mètres environ.
L'extrémité haute de chaque tronçon inférieur se ter-
ne en arrachement, comme dans les tronçons des
tres de ponts, de manière à permettre un assemblage
1^m,80 environ avec le tronçon supérieur, assemblage
nt la solidité est assurée par des couvre-joints pour
aque section du fer, fixés au moyen de rivets posés à
aud, dès que le montage des étages supérieurs a permis
régler les axes et l'aplomb de la construction.
L'extrémité supérieure du second tronçon porte aussi
arrachement pour recevoir l'assemblage des fermes du
nble qui sont également évidées à caisson pour conti-
er la canalisation de l'air vicié, lequel est recueilli dans
écoinçons du dernier étage, puis appelé dans les
atre tourelles des angles de la construction au moyen
ppareils spéciaux de chauffage et rejeté au dehors par
s ouvertures ménagées sous le balcon des belvédères.
En raison de la multiplicité des poutres et poutrelles
i entrent dans cette construction, nous donnons ci-
ssous le calcul d'une série de ces pièces :

I. *Poutre du sous-sol la plus courte.* — Charge admise :
1200 kilogrammes par mètre carré; portée des poutres :
3^m,70; écartement : 7^m,87.

Le moment sera :

$$M = \frac{1}{8} Pl = \frac{3,70 \times 7,87 \times 1200 \times 3,70}{8} = 16160.$$

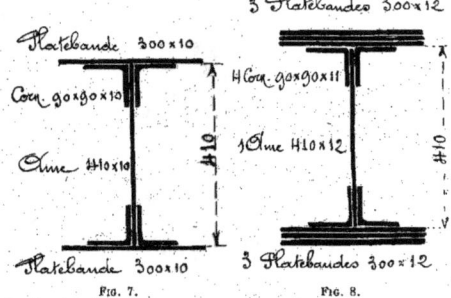

Fig. 7.   Fig. 8.

La section (fig. 7) donnant $\frac{1}{V} = 2580$, son coefficien
de travail serait :

$$R = \frac{16160}{2580} = 6^{kg},3.$$

II. *Poutre du sous-sol la plus longue.* — Charge :
1200 kilogrammes par mètre carré; portée : 5^m,90; écartement : 7^m,76.

Le moment sera :

$$M = \frac{5,90 \times 7,76 \times 1200 \times 5,90}{8} = 40518.$$

La section (fig. 8) donnant $\frac{1}{V} = 6050$, son coefficient
de travail serait :

$$R = \frac{40518}{6050} = 6^{kg},7.$$

III. *Solives du sous-sol.* — Charge : 1200 kilogrammes

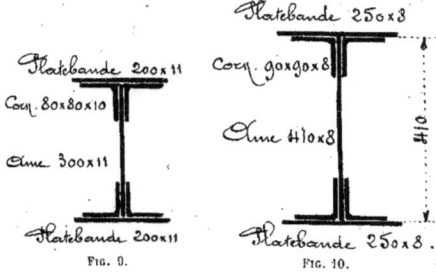

Fig. 9.   Fig. 10.

par mètre carré; portée : 7^m,87; écartement : 1^m,343.

Le moment sera :

$$M = \frac{7{,}87 \times 1{,}343 \times 1200 \times 7{,}87}{8} = 12\,478.$$

La section (fig. 9) donnant $\frac{1}{V} = 1536$, son coefficient de travail serait :

$$R = \frac{12\,478}{1536} = 8^{kg},1.$$

IV. *Poutre des étages la plus courte.* — Charge admise : 800 kilogrammes par mètre carré ; portée de la poutre : $3^m,70$; écartement : $7^m,87$.
Le moment sera :

$$M = \frac{3{,}70 \times 7{,}87 \times 800 \times 3{,}70}{8} = 10\,774.$$

La section (fig. 10) donnant $\frac{1}{V} = 1897$, son coefficient de travail serait :

$$R = \frac{10\,774}{1897} = 5^{kg},7.$$

V. *Poutre des étages la plus longue.* — Charge : 800 kilogrammes par mètre carré ; portée : $5^m,90$; écartement : $7^m,76$.

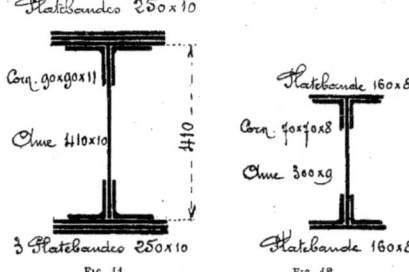

Fig. 11. Fig. 12.

Le moment sera :

$$M = \frac{5{,}90 + 7{,}76 \times 800 \times 5{,}90}{8} = 27\,013.$$

La section (fig. 11) donnant $\frac{1}{V} = 4565$, le coefficient de travail serait :

$$R = \frac{27\,013}{4565} = 5^{kg},9.$$

VI. *Solives des étages.* — Charge : 800 kilogrammes par mètre carré ; portée : $7^m,870$; écartement : $1^m,343$.
Le moment sera :

$$M = \frac{7{,}87 \times 1{,}343 \times 800 \times 7{,}87}{8} = 8318.$$

La section (fig. 12) donnant $\frac{1}{V} = 1025$, le coefficient de travail serait :

$$R = \frac{8318}{1025} = 8^{kg},1.$$

Le cahier des charges stipulant 6 kilogrammes seulement pour le travail du fer dans les poutres principales et 8 kilogrammes dans les poutres secondaires, les sections ci-dessus ont été admises en principe, puis modifiées légèrement dans la disposition des tables supplémentaires inférieures et supérieures, tout en conservant le même moment d'inertie, pour permettre à chacune les mêmes assemblages rigides avec les poutrelles, et dégager les bords inférieurs des poutres renforcées.

II

Après avoir décrit l'ossature de l'édifice, nous entrons dans le détail de la charpente en fer et de la grosse ferronnerie.

Le plancher haut du hall sur la rue du Havre mérite une mention spéciale. Les mosaïques à fond d'or du plafond nécessitaient une certaine richesse dans l'ossature métallique qui le supporte.

Le hall semi-elliptique de grandes dimensions a donc été couvert de poutres principales, rayonnant de la façade vers le fond, et de poutrelles curvilignes formant encadrement des riches motifs en mosaïque. Toutes ces poutres sont elles-mêmes ajourées et mouvementées d'ornements en bronze doré qui parent cette charpente métallique d'une façon tout à fait inusitée.

Cette riche entrée donne directement accès dans la grande nef centrale à abouts circulaires de 52 mètres environ de longueur sur 12 mètres de largeur, qui comprend les quatre étages de vente (rez-de-chaussée, entresol, premier et deuxième étages), soit une hauteur de 18 mètres environ à la retombée du vitrage sur le chéneau.

Ce comble vitré, qui est essentiellement décoratif, est supporté par des fermes en plein cintre très ajourées et ornées de balustres, fleurons, rosaces, etc., retombant sur les chapiteaux très riches en fonte et bronze, dont sont habillés les grands piliers du hall à la hauteur du plancher du deuxième étage. Ces chapiteaux reçoivent également la retombée des arcades en tôle et cornières, également ajourées et ornées qui encadrent chaque travée de ce deuxième étage.

Le vitrage de ce comble, établi à deux pentes vers les chéneaux, comprend un large lanternon dont la surélévation lui donne de l'élégance, tout en permettant une ventilation par châssis verticaux. En outre, on a donné à la charpente métallique du lanternon dans chaque travée une forme de pyramide tronquée, ayant pour but de soulever le vitrage central au-dessus des faces latérales des encadrements. Ces dispositions ont pour effet de mouvementer la coration formée par les vitraux de couleurs variées et de ns doux qui s'encadrent dans la mise en plomb d'un essin large et ornemental.

Avant la pose de tous ces vitrages, l'architecte a eu soin établir dans les feuillures des fers à vitrage un réseau complet de châssis grillagés à mailles de 47 millimètres environ, pour éviter tout accident de personnes par suite du bris possible des vitraux, soit pendant le nettoyage, soit autrement. Ces grillages, solidement fixés par des vis, présentent une grande tension qui est utilisée pour soute-

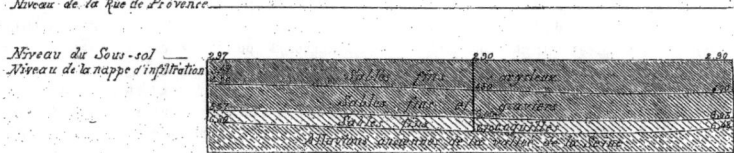

Fig. 13. — Coupe géologique. (Voir pour l'explication de cette figure, p. 9, 2ᵉ colonne, où le lecteur est renvoyé, par erreur, à la fig. 2.)

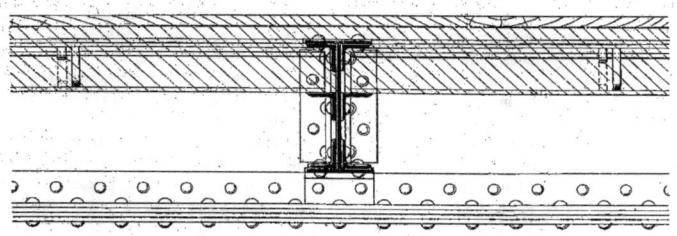

Fig. 14. — Coupe sur une des poutrelles.

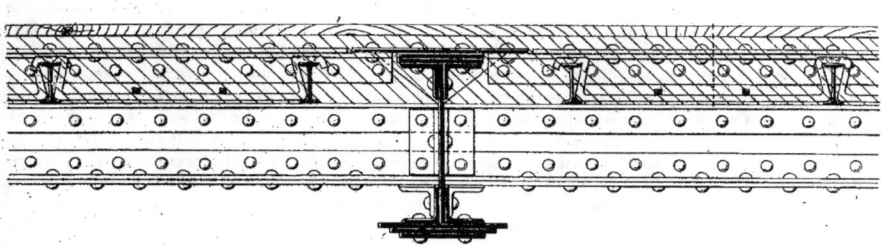

Fig. 15. — Coupe sur une des poutres principales.

(Voir pour l'explication des deux figures 14 et 15, page 13, 2ᵉ colonne.)

nir les vitraux, auxquels le morcellement par la mise en plomb ôte toute rigidité.

Cette voûte décorative vitrée est elle-même abritée par un autre comble vitré surélevé de 3ᵐ,80 environ, c'est-à-dire d'un étage, garni de verres striés pour diffuser les rayons solaires et épais de 5 millimètres pour résister aux orages, à la grêle, et supporter les charges de neige.

Ce comble porte dans toute sa longueur un lanternon vitré à châssis verticaux articulés sur l'axe et conjugués par séries de 7 mètres de longueur environ, se manœuvrant par des appareils à levier d'une grande simplicité et d'un fonctionnement très rapide, ce qui permet d'établir en quelques instants la ventilation sur toute la longueur du hall. L'accès de ce lanternon est assuré par deux escaliers et des chemins en caillisbotis disposés à l'extérieur dans toute la longueur du lanternon.

Des tringles fixes en fer rond, disposées au-dessus des bas-côtés et du lanternon, complètent les installations nécessaires pour le nettoyage et les réparations à faire au-dessus de ce comble vitré supérieur.

La charpente très légère de ce comble, fers cornières et fers plats à treillis, est disposée à entraits pour éviter toute poussée sur les deux corps de bâtiments latéraux. Les poinçons de relevage de ces entraits sont établis et calculés pour porter une double passerelle en caillisbotis avec retours d'encadrement aux extrémités permettant une circulation facile au-dessus du deuxième vitrage décoratif, dont le nettoyage peut ainsi être fait dans toutes ses parties très régulièrement sans engins spéciaux.

L'établissement de ces deux combles vitrés superposés, dont la propreté est ainsi assurée, facilite la réparation des bris toujours possibles dans les grandes surfaces vitrées soumises à des nettoyages réguliers, et garantit dans toute la surface de la nef le public et les marchandises des petits accidents d'eau, inévitables les jours de pluie avec des toits vitrés, soit qu'un verre ait été seulement fêlé, soit même que le mastic desséché laisse suinter quelques gouttes qui, à la longue, deviennent de petits filets d'eau. Mais le plus grand avantage de cette disposition consiste dans le matelas d'air de plus de 3^m,50 d'épaisseur, qui sépare les deux surfaces vitrées et a pour effet important d'empêcher le refroidissement rapide qui se ferait dans toute la nef par son vitrage décoratif supérieur et dans tout l'étage des bureaux (troisième au-dessus de l'entresol) par la grande surface verticale vitrée prenant jour au-dessus du chéneau de la nef. L'air de la nef qui se trouve nécessairement à un degré de température assez élevé dans la partie haute, c'est-à-dire sous le vitrage, renferme une certaine quantité de vapeur d'eau ; et en outre de la proportion contenue ordinairement dans l'air suivant son degré thermométrique, cette vapeur d'eau s'accroît en raison de l'agglomération du public et aussi en raison du mode de chauffage à la vapeur adopté pour les nouveaux magasins du *Printemps*.

Cette vapeur d'eau, tenue en suspension dans l'air, a la propriété de se condenser sur les surfaces plus froides que l'air qui la contient, et notamment sur les surfaces vitrées qui ont leur autre face en contact avec l'air extérieur, dont la température peut différer de 25 à 30 degrés avec celle de l'intérieur. Cette condensation produirait inévitablement des gouttelettes intermittentes, puis des gouttes et même des petits filets à jet continu qui viendraient retomber sur le public et sur les marchandises. Le matelas d'air empêchant le contact de l'air extérieur, évite toute condensation d'eau sur le vitrage inférieur.

Il était intéressant de ne pas laisser un si vaste espace (52 mètres environ de longueur) sur quatre étages de hauteur sans établir des communications entre les grandes galeries qui l'enveloppent et longent, les unes le boulevard Haussmann et les autres la rue de Provence. Aussi l'architecte a-t-il disposé au centre et au niveau de l'entresol un large pont de 7^m,80 prenant toute la travée centrale et débouchant vis-à-vis de deux escaliers principaux qui relient tous les étages au centre des deux grands corps de bâtiment opposés.

Puis au niveau du premier étage deux passerelles aériennes en fer forgé, de 2^m,50 environ de largeur et de 12 mètres de portée, relient les magasins d'un côté à l'autre.

Ce pont et ces passerelles, ayant leur plancher entièrement en dalles de verre à gravures profondes avec facettes à 45 degrés, ne retirent pas sensiblement le jour donné à profusion dans la nef par sa couverture vitrée.

Aux deux extrémités circulaires de cette nef sont établis deux vastes escaliers à double accès avec plusieurs paliers intermédiaires de repos pour monter à l'entresol. Ces escaliers, d'un aspect tout à fait architectural, ont leur palier d'arrivée, formant tablier avancé, porté par deux colonnes en marbre rouge de Languedoc avec bases et chapiteaux de marbre blanc. Ces colonnes, se répétant et se doublant comme supports du pont central, reposent l'œil des rigidités des piliers carrés en fer.

De même, pour rompre la froide tonalité du fer qui forme l'élément essentiel et indispensable de la construction de l'édifice, l'architecte a marié le bois au fer dans l'établissement des escaliers comme dans la composition des rampes et des balcons qui bordent chacun des étages donnant sur la nef.

Le plancher inférieur de cette nef, ainsi que le plancher du hall sur la rue du Havre, sont entièrement composés de verres-dalles identiques à ceux des ponts et passerelles ; de sorte que le sous-sol bénéficie largement de la lumière solaire diffusée par les verres-dalles qui remplacent le parquet. C'est que le sous-sol, dont le pourtour, éclairé par le jour direct pris dans les soubassements du rez-de-chaussée, est utilisé pour la réception et la réexpédition des marchandises, est entièrement occupé sous la nef par quatre puissantes machines à vapeur de cent vingt chevaux chacune, et par l'installation des batteries électriques qui fournissent la lumière à ce vaste édifice, dont les 21 000 mètres carrés de surface superposés exigent autant de lumière le soir que dans la journée.

En outre des escaliers précités, le service des magasins est assuré par six ascenseurs, établis deux à deux dans les galeries de la rue de Provence et qui desservent le sous-sol, les quatre étages de vente, l'étage des bureaux, l'étage des réserves et enfin l'étage des réfectoires et cuisines.

D'autre part, les cuisines ont à leur disposition un escalier et un monte-charge particuliers qui communiquent directement avec la rue de Caumartin.

Les ascenseurs, du système hydraulique de M. Edoux, nécessitaient l'établissement en contre-haut, de réservoirs assez spacieux pour éviter tout chômage en suite de réparations quelconques.

C'est au-dessus des combles mêmes qu'on a dû établir les réservoirs ainsi que les poulies et paliers portant les chaînes des contrepoids des ascenseurs.

Ces réservoirs, alimentés du sous-sol par les puissantes pompes à vapeur qui vont chercher l'eau à 35, 50 et 100 mètres environ de profondeur, assurent les différents services de l'établissement et sont en communication de telle sorte, qu'aucun de ces services ne puisse être interrompu par le chômage de l'un des réservoirs.

Ces réservoirs, établis sur les terrasses des combles, ont mis à l'abri des poussières et de la gelée par une construction en pan de fer et briques et par une couverture hourdée en poterie et plâtre.

En outre de ces constructions en fer qui débordent sur la cour intérieure le périmètre supérieur des combles, il convient de signaler les dômes des pavillons circulaires en pierre, sur lesquels viennent se heurter les quatre façades du quadrilatère.

L'ossature de ces dômes est naturellement formée de fermes et pannes curvilignes en fer, ne présentant que 16 centimètres d'épaisseur, pour être garnie d'un chevronnage en bois. Ce chevronnage reçoit à l'extérieur un parquet en bois et la couverture en zinc, et à l'intérieur un enduit d'isolement en plâtre affleurant les fers de l'ossature. Cette ossature s'assemble sur une cerce en tôle et cornière encastrée dans la portion du pavillon en façade et dans les piles intérieures en pierre, qu'elles chaînent ainsi parfaitement. La partie supérieure de cette ossature se termine par un tambour d'assemblage en tôle. Ce tambour laisse passage à un petit escalier monté sur un tube en fer creux (1) et reçoit les pieds des colonnettes en fer forgé et bronze qui supportent la carcasse en tôle et fer de la couverture en plomb. Un balcon en fer forgé, établi sur consoles au pied de ce lanternon, permet au visiteur de jouir d'un vaste panorama.

Une communication est d'ailleurs établie entre les quatre campaniles au moyen d'échelons en fer et d'un terrasson peu incliné, bordé par une crête en fonte solidement établie sur la charpente en fer des combles au-dessus du membron supérieur de la couverture, côté des façades.

Ce gros œuvre a été complété par l'établissement des façades extérieures, décrites précédemment et composées de piles en pierre adossées aux piliers en fer. Les piles en pierre sont attachées aux piliers en fer par un système d'ancrage articulé, permettant aux piliers en fer de se dilater sans entraîner tout ou partie des piles en pierre. Celles-ci sont d'ailleurs reliées entre elles au niveau des différents étages par des linteaux en métal (fer et fonte) très décoratifs, supportant des entablements en pierre.

Ces linteaux, d'une portée de 7 à 8 mètres, sont soulagés par des meneaux rectangulaires creux au nombre de quatre par travée, dont deux accotés aux piles en pierre, d'une section restreinte et uniforme de 90 millimètres sur la face, et de section décroissante en profondeur à mesure qu'ils s'élèvent. Ces meneaux, construits d'une hauteur de deux étages d'un seul jet, pénètrent dans les linteaux intermédiaires et s'assemblent avec les linteaux inférieurs et supérieurs, de manière à former avec eux des grils rigides, indéformables et portant charge, qui contrebuttent en outre les piles en pierre séparatives, en les moisant. En effet, des logettes ménagées dans les meneaux d'accotement permettent de passer des boulons au travers de toute la pile en pierre et de les serrer avec les meneaux opposés.

Le gril inférieur à double étage porte une forte cymaise moulurée en bronze, supportée par des pilastres également en bronze sur le boulevard Haussmann (et en fonte sur la rue de Provence et la rue de Caumartin). Cette cymaise forme sur le bas de la façade un haut soubassement ouvert destiné à éclairer et à aérer largement le sous-sol. Une grille en fer forgé, avec ornements en bronze, complète ce soubassement et protège le vitrage du sous-sol.

Le linteau intermédiaire, établi en fer cornière et tôle à la hauteur du plancher de l'entresol, est évidé pour recevoir la fermeture en tôle d'acier ondulée du système Grafton et Cie qui descend jusque sur la cymaise. Des moulures en fonte, formant encadrement à des tables en marbre, et des appliques en bronze avec boutons d'attache, décorent à l'extérieur ce linteau, qui est en outre ajouré à ses deux extrémités pour former prise d'air. A la partie supérieure de ce linteau creux est ménagé un autre petit caisson formant corniche et destiné à loger les stores-bannes.

Un balcon en fer forgé, avec panneaux de marbre Languedoc, encadrés d'une moulure en bronze, et garni d'une forte main courante également en bronze, est établi à l'intérieur de l'entresol contre le grand gril de façade, pour protéger les glaces et servir à la décoration extérieure.

Le rez-de-chaussée et l'entresol sont garnis de glaces fixes pour diminuer la surveillance en supprimant les ouvertures. Mais la ventilation de ces deux étages est assurée par des châssis à soufflet formant impostes et qui ne s'ouvrent qu'à 45 degrés, en raison de leur position sous linteau, et laissent place à une lame d'air de 10 centimètres environ.

Un linteau en fer et tôle analogue au linteau intermédiaire, et évidé comme lui pour servir de prise d'air, couronne le premier gril.

Une large frise, construite en fonte de fer avec décoration en mosaïque, boucliers en bronze et porte-drapeaux, surmonte ce premier gril, en faisant suite à l'entablement en pierre de la façade principale.

Le deuxième gril, établi de la même façon que le premier,

---

(1) Au-dessus de l'escalier et pour le fermer au besoin, est disposé un châssis ou couvercle en fer vitré, mû verticalement au moyen d'une poulie. Ce couvercle permet d'augmenter la sortie de l'air vicié qui, amené par la coupole, s'échappe par une série d'ouvertures à la base du belvédère.

porte un linteau intermédiaire au niveau du deuxième étage, et un linteau supérieur, établi pour porter le fort entablement en pierre du troisième étage; au deuxième étage, un balcon vitré s'appuie sur le linteau intermédiaire.

Dans les étages formés par ce gril, les glaces sont posées dans des châssis ouvrants, afin de faciliter le nettoyage.

Des châssis d'imposte à soufflet assurent également la ventilation de ces deux étages.

Enfin, un troisième gril, établi dans la hauteur du troisième étage avec châssis ouvrants comme au premier et au deuxième étage, est couronné par un fort linteau en tôle et cornières, portant le couronnement en pierre qui règne tout autour de l'édifice.

Ces grands rideaux vitrés, qui ont pour ossature les grils que nous avons décrits, sont formés par des châssis fixes ou mobiles à section en forme de U, composés de trois cadres rectangulaires forgés et soudés aux angles, dont un monté à vis à tête d'armurier pour permettre la pose facile des glaces.

Les châssis ouvrants sont ferrés de fiches en bronze, à lames entaillées à queue d'hironde et nœuds encastrés à la mollette dans les meneaux. La fermeture en est assurée par une serrure de fabrication spéciale à demi-tour, façon-gorge. Toutes ces serrures ouvrent sur la même clef forée.

Les châssis à soufflets sont ferrés de pivots à bourdon-nière en cuivre, et fermés par un loqueteau tout en bronze pour éviter le graissage.

Les grandes baies que nous venons de décrire sont au nombre de neuf sur la rue de Provence, de quatre sur la rue de Caumartin et de huit sur le boulevard Haussmann. La travée centrale de la rue de Provence est réservée, au rez-de-chaussée, à l'entrée et à la sortie des marchandises manutentionnées dans le sous-sol, qui est desservi en cet endroit par deux escaliers et un double ascenseur. Trois portes à deux vantaux assurent avec l'intérieur cet important service, abrité d'ailleurs par une marquise à bouts circulaires, de 2 mètres de saillie et de 8ᵐ,50 de longueur, supportée par quatre consoles en fer forgé, fixées sur les meneaux du gril.

Sur le boulevard Haussmann, deux travées centrales sont réservées à l'entrée et à la sortie du public, ainsi que les pavillons établis aux angles de la rue de Caumartin.

Les six travées centrales de la façade sur le boulevard Haussmann sont garnies de grandes marquises vitrées en fer forgé avec ornements en bronze, d'une saillie de 2ᵐ,50, d'une structure nouvelle en forme de plein-cintre accusant chaque travée, et reliées entre elles par un chéneau également vitré de la largeur de la pile séparative en pierre. Ces marquises font pénétration dans les façades de l'entresol, où elles découpent des tympans richement ornés, portant écusson en bronze au chiffre de la maison. Ces écussons dissimulent des châssis ouvrants semi-circulaires, servant à l'aération de l'entresol.

La ferme cintrée en fer forgé, faisant bordure de ces marquises, porte en son milieu un motif décoratif servant de point d'attache à l'appareil électrique qui doit orner chaque travée.

Quatre consoles en fer forgé avec ornements en bronze, fixées sur les meneaux du gril de façade, supportent ces marquises, garnies d'ailleurs, dans les feuillures du vitrage circulaire, de grillages à mailles de 47 millimètres pour protéger le public contre le bris des verres cintrés.

La façade sur la rue du Havre présente trois travées, qui donnent accès dans le vaste vestibule ou hall. Cette façade, essentiellement décorative, offre à la base, trois baies cintrées en pierre qui franchissent deux étages des magasins et sont couronnées par un fort entablement en pierre. Sur ce soubassement s'élève un double étage, qui est surmonté lui-même d'un étage d'attique couronné par une riche couverture à écailles avec fortes membrures en plomb. Cette couverture est complétée par une crête en fonte ajourée, et flanquée de deux dômes à belvédères qui coiffent les pavillons circulaires en pierre aux extrémités de cette façade principale.

Les trois grandes baies du milieu de cette façade sont décorées très richement de colonnettes en bronze doré, qui soulagent au passage un fort linteau en fonte garni de bronzes et de marbres incrustés. Ce linteau est établi dans l'épaisseur du plancher du deuxième étage, et évidé pour l'installation des stores. Ces colonnettes se poursuivent dans la hauteur du deuxième étage, pour venir soulager un linteau arqué en fer et cornière, à tympans garnis de grands rinceaux en fer forgé avec feuillages en bronze doré. Ce linteau arqué est jumelé avec un autre linteau intérieur qui contribue au support de l'entablement en pierre. Au milieu de l'arc, un motif frontal en bronze enrichi de marbre, complète la décoration extérieure de la loggia formée par l'établissement en recul des clôtures vitrées de ces baies. Une balustrade en fer forgé, rehaussée de bronzes avec panneaux de marbre, d'un caractère beaucoup plus riche que celles des façades latérales, relie les colonnettes en bronze pour former balcon de la loggia. Les rideaux vitrés de ces étages sont composés de montants principaux, calculés de façon à porter une partie de la charge des linteaux dont nous avons parlé; ils sont assemblés avec eux pour former un tout parfaitement résistant. Entre ces montants, de vastes châssis ouvrants formés de fers en U, composés tout spécialement pour vitrage, garnis de moulures rabotées en fer et ferrés de paumelles en bronze. A la partie supérieure, un vasistas à soufflet ventile sans ouvrir les grands châssis. A l'étage d'attique, derrière la colonnade en granit, des châssis en fer forment décharges, comme ceux de la partie inférieure.

Le rez-de-chaussée de cette façade est clos par des rideaux vitrés, posés au nud intérieur des piliers en fer de l'ossature générale.

Dans chaque baie est disposée une porte à deux vantaux avec soubassement en tôle pleine de 1 mètre de hauteur, errée sur pilastres en bronze, couronnés par un fronton également en bronze. Ces rideaux vitrés sont divisés, à la hauteur de l'imposte qui reçoit la retombée des arcs en pierre, par une poutrelle décorative en fer agrémentée de rosaces en bronze.

Des grilles de 3m,20 de hauteur, établies sur glissières verticales pratiquées dans des pilastres accotés aux piles en pierre, sortent du sous-sol au moyen de treuils équilibrés, d'un mécanisme très simple, à engrenages en fonte d'acier, et permettent de défendre, la nuit, l'approche de ces rideaux vitrés et l'accès des magasins. Cette disposition a l'avantage d'éviter l'encombrement qui résulterait du développement de cette grille, si l'on avait conservé le mode d'ouverture habituel.

Quoique chacune de ces grilles mobiles, d'une largeur de 3m,30, pèse 1840 kilogrammes environ, la manœuvre pour les lever ne dure que quatre-vingt-dix secondes pour une course de 3m,20. Les glissières établies à section en forme de U sont en bronze et les galets en acier.

Ces grilles, d'une grande richesse, se composent de traverses et de montants principaux formés eux-mêmes de fers relativement minces, de manière à ne pas exagérer le poids tout en leur conservant un aspect puissant. Les barreaux sont en fer carré tordu à la main et à chaud. Les soubassements sont en fer forgé ouvragé. Quant aux panneaux de remplissage supérieurs, très riches d'ornementation, ils sont en bronze Keller, ainsi que les moulures, garnitures de barreaux, etc.

Ce bronze, d'un ton chaud naturel et très décoratif, a été spécifié par l'architecte pour tous les bronzes concourant à la décoration de cet édifice.

Sa composition est la suivante : 91,22 de cuivre, 5,57 de zinc, 1,78 d'étain et 1,43 de plomb.

La fourniture des différents ouvrages en bronze que nous venons de décrire a été faite en majeure partie par MM. Trioullier frères, d'après les modèles de M. Dévèche.

Nous devons faire une mention spéciale de la maison Bruère, Gilbert et Cie, de Saint-Ouen-Vendôme (Loir-et-Cher), qui a fondu les lucarnes établies sur chevalets en fer à la partie inférieure des combles, et les crêtes qui couronnent ceux-ci. Ces lucarnes, fondues d'un seul morceau de 2m,80 sur 2m,20, ne pesant que 500 kilogrammes, peuvent être considérées comme un chef-d'œuvre de fonte au point de vue de l'épaisseur. Elles sont d'ailleurs d'un moulage parfait.

Les crêtes composées de pilastres et de panneaux sont aussi d'une exécution particulière. Les pilastres portent des patins à nervures percés de trous qui permettent de les fixer sur des pièces de fer émergeant un peu sur le terrasson du comble, et recouvertes préalablement de plomb soudé pour éviter toute infiltration d'eau. En outre, des feuillures ménagées sur la face postérieure des pilastres facilitent l'emboîtement des panneaux, retenus d'ailleurs par des clavettes, et permettent les effets de dilatation et de contraction sans aucun risque d'accident.

Ces cours de crêtes, établis sur le membron supérieur de la couverture des quatre façades, se terminent à chaque extrémité par un fort pilastre en fonte portant écusson et par un motif d'amortissement qui s'abaisse pour dégager le dôme voisin.

Les pavillons circulaires en pierre sont percés de baies de dimensions modestes garnies de fenêtres en fer à moulures rabotées avec torsades en bronze sur le montant du milieu et sur la traverse d'imposte et rosace au croisement.

Au rez-de-chaussée de ces pavillons, les baies ne sont garnies que de châssis fixés en fer raboté pour glaces cylindriques d'un seul morceau. Deux rainures verticales permettent de les clore par une fermeture en tôle d'acier qui s'enroule dans un petit caisson supérieur. Au-dessus, des œils-de-bœuf, pratiqués dans la pierre, éclairent la partie haute de ces pavillons, où sont installées les caisses principales.

Le plafond en voussure de ces rotondes est établi sur une série de chevrons en fer à simple T, de forme curviligne à scellement d'un bout, reliés par une ceinture en cornière à la partie supérieure. Sur ces armatures sont fixés des carillons croisés qui forment un grillage métallique, permettant d'y couler un hourdis en plâtre sur lequel est scellée une riche mosaïque.

A l'intérieur de l'édifice, la serrurerie d'art a été également utilisée pour décorer les balustrades des galeries, les rampes des escaliers, comme aussi les entourages des nombreux ascenseurs. Ces ascenseurs sont entourés, à chaque étage, de panneaux en fer forgé et de grillages Gayer, système Collière.

Ces travaux de serrurerie d'art ont été également exécutés par la maison Baudet, Donon et Cie, à l'exception de la décoration en fer forgé des caisses principales, qui a été confiée à MM. Moreau frères.

Les constructions du nouveau *Printemps*, qui ne sont encore établies que sur une surface de 2200 mètres carrés, forment un volume de 65 000 mètres cubes environ, et ont nécessité pour le gros œuvre proprement dit, l'emploi de 2 625 000 kilogrammes de fer et de fonte, soit 1190 kilogrammes par mètre carré de terrain construit.

En déduisant les piliers en fer et les colonnes en fonte, qui entrent pour 620 000 kilogrammes dans le poids total, on trouve un poids de 1 692 000 kilogrammes de métal employé pour les planchers, pont et passerelles, et un poids de 313 000 kilogrammes pour les combles vitrés et autres.

Les colonnes en fonte entrant dans la construction du corps de bâtiment rue de Provence, sur sept étages superposés, et celles servant de soutènement aux larges planchers hauts des sous-sols du porche et du hall, sont de deuxième fusion, creuses, et ont été exécutées aux fonderies de Mazières, près Bourges.

Les fers employés sont de diverses provenances : les fers double T des entrevous de planchers sortent des laminoirs du Creusot et de Grenelle. Ceux larges-ailes viennent des laminoirs de la Providence et de Vézin-Aulnoye. Les cornières ont été fabriquées aux forges de Maubeuge, de Denain, d'Anzin et d'Ivry.

Les tôles et les larges-plats ont été laminés au Creusot, à la Providence et à Vireux-Molhain (Ardennes). Enfin les fers dits marchands, plats, carrés, ronds pour entretoises, chaînes, ancres, boulons, rivets, pièces de forges, etc., proviennent des forges de la Haute-Marne et de Meurthe-et-Moselle.

Ces importants travaux métalliques, confiés par l'architecte M. Paul Sédille à MM. Baudet, Donon et Cie, ingénieurs-constructeurs, et exécutés dans leurs puissants ateliers d'Argenteuil (Seine-et-Oise) avec un personnel de choix et un outillage perfectionné, ont occupé environ 60 200 journées d'ouvriers pour leur exécution dans les ateliers, et 24 600 journées pour leur érection et assemblage sur le chantier.

IV

CHAUFFAGE. — VENTILATION

La reconstruction des magasins du *Printemps* décidée et les dispositions d'ensemble de la construction arrêtées, il fallait se préoccuper du mode de chauffage que l'on adopterait.

Les projets de réédification s'étudiaient sur le principe d'une construction toute en fer, formée de piliers métalliques supportant les planchers et ne comportant aucun mur de refend.

Dès le début, l'architecte songeait à supporter la construction par des piliers creux et à utiliser l'intérieur de ces piliers pour y loger le service du chauffage et de la ventilation.

Choix du système.

Inutile de dire que l'on ne pouvait penser à employer des poêles ordinaires distribués dans les différentes parties du bâtiment. Ils auraient apporté avec eux tous les inconvénients inhérents à ce système : encombrement des magasins, manutention continuelle de charbon dans tous les rayons, poussière qui en résulte, etc. Il fallait un chauffage d'ensemble par calorifère à air chaud, à eau chaude ou à vapeur.

L'air chaud nécessitait au moins huit grands calorifères qui auraient pris dans le sous-sol une partie de la place réservée au mouvement des marchandises ; il exigeait une quantité de gaines de chaleur suspendues au plafond du sous-sol avec une certaine pente et diminuant d'autant la hauteur de ces sous-sols ; enfin il ne trouvait pas dans le creux des piliers aux étages inférieurs, à moins de leur donner des dimensions exagérées, la section suffisante pour contenir toutes les gaines d'air chaud qui auraient dû partir du sous-sol pour aboutir aux différentes bouches des six étages. Il aurait fallu également trouver la place des tuyaux de fumée.

La solution s'indiquait dans l'emploi d'un système réduisant à son minimum la quantité des foyers en sous-sol et transportant l'agent du chauffage dans les différentes parties du bâtiment pour y produire sur place l'air chaud nécessaire. Des tuyaux verticaux d'eau ou de vapeur disposés dans le creux des piliers répondaient à ce programme ; il restait à se rendre compte de la dimension qu'il convenait de leur donner et du nombre qu'il en fallait employer.

On adopta des tuyaux en fonte à ailettes longitudinales ayant un diamètre intérieur de 0^m,060 et portant sur leur circonférence six ailettes de 35 millimètres de largeur.

Les piliers ayant une section de 0^m,50 × 0^m,50 divisée en deux compartiments égaux par une cloison médiane laissant deux vides intérieurs de 0^m,40 × 0^m,16, ces vides permettaient de loger deux de ces tuyaux en fonte et entre eux un tuyau de tôle réservé à la ventilation.

Par des calculs préliminaires on pouvait estimer de suite la quantité de chaleur à produire exprimée en calories, comparée à celle que dégagent des tuyaux remplis d'eau chaude, en supposant à l'eau en circulation une température moyenne de 60 degrés (soit 90 degrés à son départ des chaudières et 30 degrés à son retour).

Il fut reconnu qu'en plaçant des colonnes d'eau chaude dans les deux compartiments des soixante-six piliers de la construction totale, on n'arriverait qu'à une production de chaleur à peine suffisante pour les froids ordinaires et insuffisante pour les grands froids ; il faut ajouter qu'ainsi il ne restait plus de place dans les piliers pour les autres services (conduites d'eau, incendie, électricité).

Il fallut en conséquence renoncer à l'eau chaude pour adopter la vapeur qui, grâce à sa température supérieure à celle de l'eau (100 degrés au moins au lieu de 60), permettait de diminuer le nombre des colonnes de chauffage et laissait des piliers libres pour les autres services.

En même temps que se faisaient ces études sur le chauffage, se décidait la question de l'éclairage.

L'éclairage électrique fut adopté. Il entraînait avec lui les chaudières à vapeur nécessaires à la production de la force motrice. On décidait alors l'emplacement de ces générateurs dans le sous-sol des magasins et on arrivait à cette solution : utiliser le matin et dans la journée la vapeur des chaudières au service du chauffage, tandis que le soir, lorsque l'édifice serait suffisamment chauffé, cette vapeur donnerait la force motrice nécessaire à l'éclairage électrique.

Cette dernière considération entraînait nécessairement à donner aux surfaces de chauffe une importance suffisante pour produire en peu de temps, c'est-à-dire avant l'allumage de la lumière électrique, la chaleur nécessaire au chauffage de la journée entière.

§ I.
ENSEMBLE DU CHAUFFAGE

Les dispositions arrêtées comprennent :
Une prise unique de vapeur sur la conduite collectrice des générateurs et sur cette prise quatre branchements principaux destinés à alimenter de vapeur les quatre quarts de l'édifice.

Cette alimentation se fait de la manière suivante :
Chaque branchement partant de l'axe transversal de la construction traverse le sous-sol, au plafond duquel il est suspendu, et, arrivant à un des angles du bâtiment, s'élève verticalement dans un des piliers pour aboutir sous le dôme de l'un des pavillons circulaires où se trouvent les robinets de commande des canalisations secondaires.

Le chauffage du rez-de-chaussée est fait par des poêles à vapeur disposés en sous-sol au pied des piliers et donnant chacun une bouche de chaleur à rez-de-chaussée.

Le chauffage des étages est produit par les tuyaux à ailettes logés dans le vide des piliers et s'élevant en colonnes de deux tuyaux depuis le sol du rez-de-chaussée jusqu'au plafond du troisième étage. Des séparations horizontales faites dans les piliers à la hauteur de chaque plancher divisent cette gaine unique en autant de sections verticales superposées qu'il y a d'étages. Elles permettent ainsi à l'air pris au pied d'un étage de s'échauffer le long des tuyaux en les frottant verticalement dans toute la hauteur de cet étage et de sortir sur le sol de l'étage immédiatement supérieur par une bouche de chaleur.

Chacun des branchements de vapeur distribue la vapeur aux poêles dans sa traversée du sous-sol et les branchements secondaires qui partent des tourelles la distribuent au sommet des colonnes verticales. L'eau condensée dans ces différentes surfaces se rend à la partie inférieure dans des tuyaux de retour logés dans des caniveaux en sous-sol et revient à un récipient collecteur, où elle est séparée de la vapeur et renvoyée à la bâche d'alimentation des chaudières.

Détails d'installation.

Poêles à vapeur en sous-sol chauffant le rez-de-chaussée.

Les appareils employés sont les poêles en fonte à ailettes du système breveté d'Hamelincourt.

Ils sont formés de deux tubes en fonte concentriques laissant entre eux un espace annulaire de 2 centimètres d'épaisseur, fermé aux deux extrémités par un joint spécial en caoutchouc serré par une bride en fonte à trois boulons (fig. 16).

Le diamètre intérieur du tube intérieur est de 0^m,200.
Le diamètre extérieur du tube extérieur est de 0^m,264.

Le poêle a 1^m,550 de hauteur et porte sur sa surface extérieure 24 lames longitudinales de 6 centimètres de largeur. Sa surface développée en contact avec l'air est de 6^m,681, ou, en ne comptant les lames que pour moitié de leur valeur, 4^m,449.

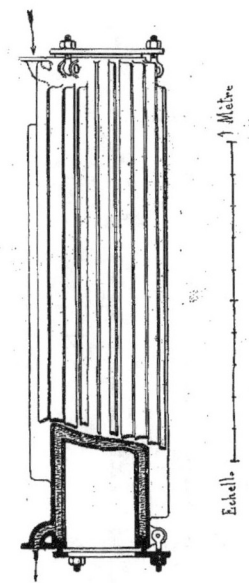

Fig. 16. — Poêle à vapeur. (Coupe et élévation.)

Le cylindre extérieur porte à ses extrémités deux tubulures, de sorte que, l'appareil étant placé verticalement, la tubulure supérieure sert à l'arrivée de la vapeur dans l'espace annulaire et la tubulure inférieure à l'évacuation de l'eau condensée.

Chaque poêle est placé à la base d'un pilier et supporté par deux consoles en tôle et cornières boulonnées au pied du pilier sur une face d'ouverture.

Une enveloppe en tôle de 0,50 × 0,50 forme avec l'une des faces du pilier autour du poêle une chambre de chaleur ; l'air froid des prises d'air y arrive par la partie inférieure et l'air chaud produit pénètre dans l'intérieur du pilier pour sortir à rez-de-chaussée par la bouche de chaleur. Une disposition spéciale a été adoptée pour les poêles placés le long des façades en raison des casiers qui masquent les faces latérales des piliers. L'air chaud produit par le poêle sort de la chambre de chaleur par un tuyau rectangulaire en tôle adossé au mur et replié sous le casier pour sortir par une bouche de chaleur dans une direction perpendiculaire au mur de façade (fig. 17).

Tous les poêles ainsi disposés en sous-sol donnent leur chaleur à rez-de-chaussée, mais servent en même temps à tempérer les sous-sols par le rayonnement de leurs enveloppes.

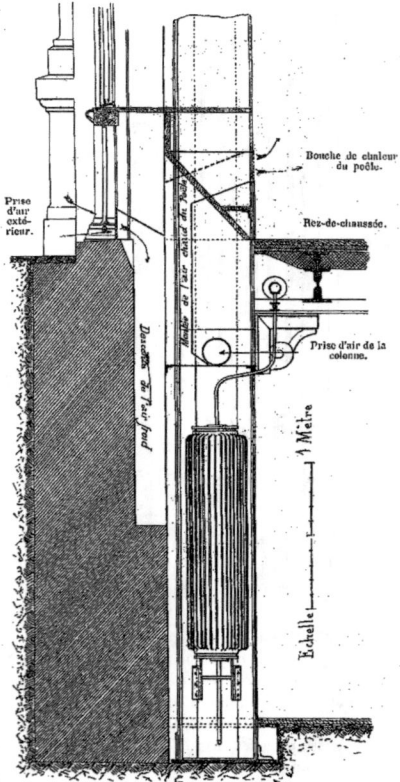

Fig. 17. — Vue d'un poêle du sous-sol adossé à la façade et chauffant le rez-de-chaussée. Disposition d'une prise d'air extérieur.

L'arrivée de vapeur et la sortie d'eau condensée sont réglées par des robinets qui permettent en cas de besoin d'isoler complètement un appareil indépendamment des autres; une coulisse en tôle règle l'arrivée d'air froid.

Colonnes de tuyaux à ailettes chauffant les étages.

Chaque colonne se compose de deux suites parallèles de tuyaux en fonte disposés verticalement dans un demi-pilier, dans toute la hauteur des étages, et séparés par un tuyau en tôle galvanisée servant, suivant les cas, d'arrivée d'air ou d'évacuation d'air vicié (fig. 18).

Les tuyaux qui composent la colonne sont en fonte à lames; ils ont une longueur de 1^m,50 et sont réunis les uns aux autres par des joints en caoutchouc du système Petit. Un tuyau en fonte de même diamètre, mais sans ailettes, à la partie inférieure, est serré par le collier double de suspension qui repose sur une console en fonte. C'est le seul point d'appui de la colonne, de sorte que les tuyaux, reposant par leur propre poids, s'opposent au desserrage des joints tout en laissant les mouvements de dilatation entièrement libres.

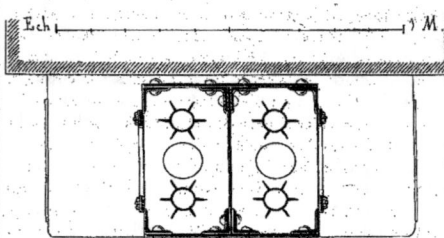

Fig. 18. — Coupe horizontale d'un pilier contenant les tuyaux de chauffage.

En haut comme en bas, chaque suite de tuyaux se termine par un bouchon en fonte à tubulure portant d'un côté un emboîtage de joint Petit, et de l'autre une bride pour se raccorder à une culotte en cuivre, qui sert d'arrivée de vapeur aux deux suites de tuyaux jumeaux à la partie supérieure, tandis qu'une autre culotte à la partie inférieure sert à l'évacuation de l'eau condensée.

Les deux suites de tuyaux juxtaposés sont ainsi solidaires et ne forment qu'une seule et même colonne de chauffage.

La partie droite des piliers s'arrêtant sous le chéneau, en haut du troisième étage, la colonne de chauffage fait de même et la culotte qui la termine à cet endroit se replie horizontalement pour venir au pied d'un coffre vertical en briques construit sur la face intérieure du contrefort qui se substitue au pilier dans la hauteur du quatrième étage.

Les surfaces de chauffe placées à cet étage étant destinées à chauffer le cinquième étage et ce dernier ayant un volume bien inférieur aux autres par suite de la forme du comble, chaque colonne de chauffage dans la hauteur du quatrième est remplacée par un tuyau unique terminé à ses extrémités par des bouchons à tubulures le raccordant à sa partie inférieure avec la culotte supérieure de la colonne, et à sa partie supérieure avec le robinet qui prend la vapeur sur le branchement secondaire venant de la tourelle (fig. 19).

Le mouvement de la vapeur dans ces colonnes se fait en sens inverse de la description que nous venons de faire. La vapeur prise par une tubulure sur le branchement secondaire disposé dans le conduit de ventilation au cinquième étage, pénètre par un robinet de commande dans la colonne, traverse le quatrième étage dans le tuyau unique, se replie horizontalement sous le chéneau où la

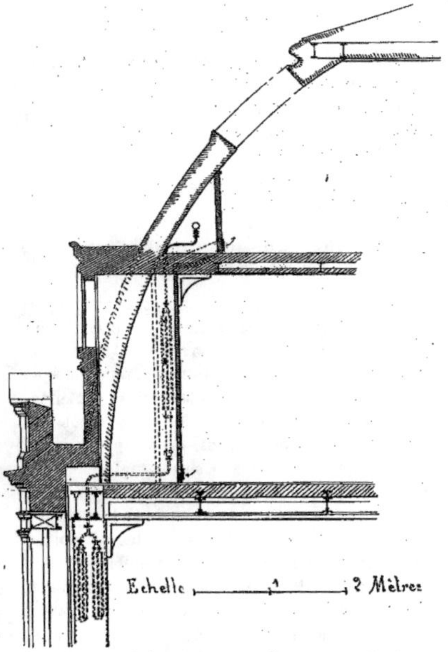

La hauteur de tuyaux comprise dans la hauteur du rez-de-chaussée donne une bouche à l'entresol, celle comprise dans la hauteur de l'entresol donne une bouche au

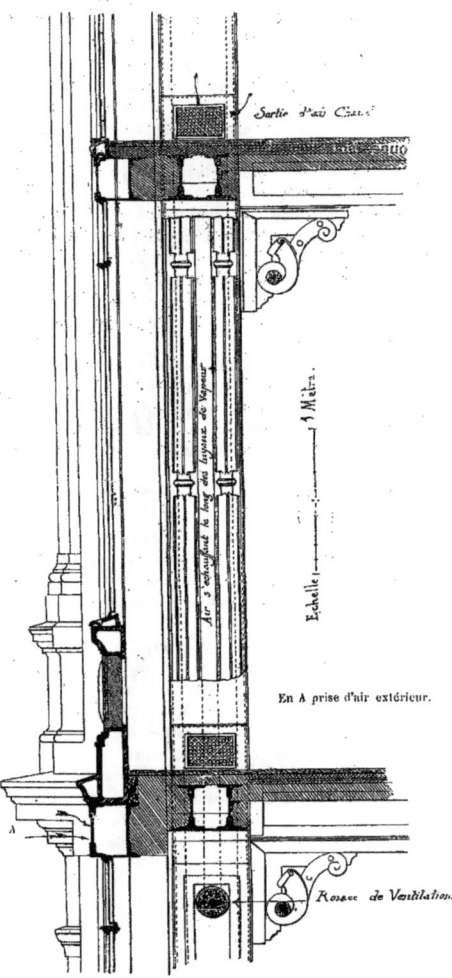

Fig. 19. — Sommet d'une colonne de chauffage avec sa prise de vapeur sur la tuyauterie de distribution logée dans le coffre collecteur de ventilation.

Fig. 20. — Pilier de façade ; vue d'une colonne de chauffage dans la hauteur du 1er étage chauffant le 2e.

culotte la distribue aux deux suites de tuyaux jumeaux, descend ainsi jusqu'au-dessous du rez-de-chaussée, à la culotte inférieure qui recueille l'eau condensée et l'envoie par un tuyau terminé par un robinet, dans les branchements collecteurs d'eau de condensation.

L'air qui s'échauffe au contact des tuyaux suit au contraire un mouvement de bas en haut.

Nous avons dit que des séparations horizontales faites en étoupe et paille de fer avec glacis de terre à four à la hauteur de chaque plancher, divisent chaque gaine verticale fournie par le vide d'un demi-pilier en autant de compartiments qu'il y a d'étages. L'air arrive à la partie inférieure de chaque compartiment, s'échauffe en frottant les tuyaux de fonte et sort par la bouche de chaleur placée en haut du compartiment (fig. 20).

premier étage et ainsi de suite. Enfin celle comprise dans la hauteur du quatrième étage et formée d'un tuyau unique donne une bouche au cinquième étage.

Au point de vue de la nature de l'air employé au chauffage, il y a lieu de distinguer les colonnes en deux catégories.

1° Les colonnes des piliers de façade prennent à chaque étage de l'air neuf à l'extérieur par une ventouse ménagée dans l'épaisseur du plancher et débouchant à l'extérieur par une ouverture placée dans la poutrelle de bordure en fer. L'air pris par cette ouverture arrive dans une boîte en tôle, à compartiments intérieurs, disposée de manière à faire passer cet air neuf au-dessus de la séparation en étoupe, tandis que l'air chaud provenant de l'étage inférieur et recueilli au-dessous de la même séparation, sort sur le devant de la boîte, par la bouche de chaleur. Pour la partie de tuyaux comprise dans la hauteur du rez-de-chaussée, l'air est pris directement dans la prise d'air du sous-sol et conduit par un tuyau de tôle au-dessus de l'enveloppe du poêle à l'intérieur du pilier.

Dans ces colonnes de façade, le tuyau en tôle galvanisée qui sépare les deux tuyaux à lames est uniquement réservé pour la ventilation.

2° Les colonnes des piliers intérieurs prennent l'air intérieur du bâtiment. Les plaques mobiles qui ferment le vide des piliers portent à chaque étage, à leur partie supérieure, une ouverture circulaire. Le tuyau en tôle galvanisée logé dans le pilier est muni d'une buse de raccordement en face de chacune de ces ouvertures; une rosace en bronze avec plateau à vis de manœuvre ouvre ou ferme cette ouverture. Ce tuyau en tôle est composé de tronçons commençant à un mètre environ au-dessus de la séparation en paille de fer de chaque étage et s'arrête immédiatement au-dessus de la séparation de l'étage suivant après l'avoir traversée. Chaque tronçon est fermé par le bas au moyen d'un tampon; il est ouvert par le haut. Le plateau de la rosace étant ouvert, l'air d'un étage pénètre par l'ouverture dans le tuyau qui le conduit au-dessus de la séparation où il devient air de prise d'air prêt à s'échauffer pour sortir par la bouche de chaleur à l'étage immédiatement supérieur. Toutefois les rosaces du troisième étage sont conservées pour la ventilation, et l'air qui chauffe le cinquième étage est pris, pour tous les piliers qui bordent le hall, comme pour les piliers de façade, au quatrième étage, au pied du coffre vertical en briques qui contient les tuyaux de chauffage.

Bouches de chaleur.

Toutes les bouches de chaleur sont verticales. Cette disposition a été adoptée pour éviter les poussières qui entrent dans les ouvertures en parquet.

Ces bouches sont adossées à la base des piliers. Le type adopté est le type à persiennes, comme offrant la plus grande section libre d'ouverture pour une grille de dimension déterminée.

L'intérieur du pilier étant occupé par les tuyaux de chauffage et de ventilation, tout le mouvement des bouches de chaleur a dû être mis en saillie. Ses dimensions ont été aussi réduites que possible, de sorte que la saillie se trouve contenue dans le socle en menuiserie qui entoure le pied des piliers à chaque étage.

La grille est en bronze et tout le mécanisme est en cuivre pour éviter les effets de la rouille.

§ 2

VENTILATION.

La ventilation comprend les subdivisions suivantes :
Prises d'air neuf extérieur ;
Distribution de l'air extérieur ;
Prises de l'air vicié à évacuer ;
Conduits d'air vicié ;
Appareils produisant l'évacuation ;
Orifices d'évacuation.

Prises d'air neuf extérieur et distribution de l'air extérieur.

Indépendamment des prises d'air disposées comme des ventouses dans les planchers de l'entresol, du premier, du deuxième et du troisième étage pour alimenter, comme nous l'avons vu, les colonnes de façade, il faut donner de l'air neuf aux poêles du sous-sol et à la partie des colonnes qui doivent fournir l'air chaud des bouches de chaleur du rez-de-chaussée.

Sur tout le périmètre des façades, dans la partie vitrée en soubassement qui éclaire les sous-sols, sont ménagées, de chaque côté des piliers, des ouvertures grillagées qui donnent l'air à des conduits rectangulaires en tôle adossés aux murs du sous-sol, puis repliés contre les enveloppes des poêles pour descendre jusqu'à un ensemble de caniveaux ménagés dans le sol du sous-sol. Ces caniveaux sont réservés dans le béton qui forme le sol du sous-sol et garnis en briques et ciment pour s'opposer à toute infiltration d'eau venant des fondations.

Ils forment un réseau distributeur qui aboutit au pied de tous les piliers et c'est là que puisent leur air neuf les poêles du sous-sol et les colonnes qui traversent le rez-de-chaussée. Pour les piliers de façade, un tuyau de tôle placé sur l'enveloppe du poêle amène l'air directement dans le vide du pilier. Pour les piliers intérieurs, au contraire, dans lesquels le vide intérieur est employé à conduire l'air chaud du poêle à la bouche du rez-de-chaussée, un tuyau de tôle venant du caniveau monte à l'intérieur du poêle et se replie pour pénétrer dans le vide du pilier jusqu'au-dessus de la séparation qui arrête la chaleur du poêle à la bouche de chaleur. L'air destiné à la colonne suit donc le même chemin que l'air chaud du poêle, mais en est séparé par la tôle du tuyau qui le contient.

On voit, par cette disposition, que l'air neuf est distribué dans le bâtiment par toutes les bouches du rez-de-chaussée, par toutes les bouches de l'entresol et toutes celles en façade des étages supérieurs jusqu'au quatrième. Les autres bouches ont leur prise d'air dans le magasin.

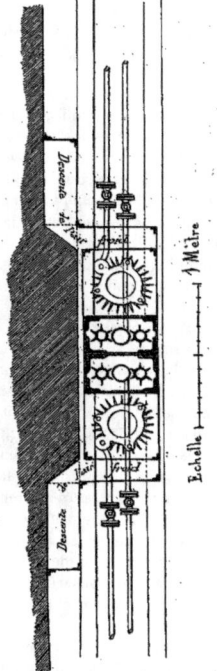

Fig. 21. — Coupe horizontale au-dessus des poêles du sous-sol, montrant la disposition des poêles au pied d'un pilier de façade et les coffres conduisant aux canivaux du sous-sol l'air pris à l'extérieur.

Prises de l'air vicié à l'intérieur et conduits d'air vicié.

Nous avons vu que les tuyaux de tôle galvanisée logés dans la hauteur des piliers, au milieu des tuyaux de chauffage, communiquent avec l'air du bâtiment à chaque étage par une buse dont l'ouverture est réglée par une rosace à plateau.

Ces rosaces sont les prises d'air vicié à chaque étage pour tous les piliers de façade, mais pour les piliers intérieurs elles ne jouent ce rôle qu'au quatrième étage. L'air ainsi récolté par tous ces tuyaux verticaux vient déboucher dans la gaine triangulaire formée sur le sol du cinquième étage par une cloison en briques de chaque côté de la partie basse du comble circulaire.

Ces gaines suivent le rampant du comble dans toute sa longueur et aboutissent aux coupoles des tourelles. Les deux axes du bâtiment limitent la part relative à chaque coupole. Le réglage de la ventilation dans les différentes parties des parcours de l'air vicié s'obtient : 1° par la manœuvre des rosaces pour chaque prise; 2° par la manœuvre d'un registre au débouché de chaque tuyau vertical dans la gaine collective horizontale, et 3° par une porte à l'arrivée de chaque gaine collectrice dans la chambre de ventilation de chaque coupole.

Appareils produisant l'évacuation et orifices d'évacuation.

Le système adopté est la ventilation par appel.

Chaque chambre de ventilation contient quatre poêles à vapeur rayonnants, disposés autour de l'escalier tournant qui conduit au belvédère.

Sur la conduite principale de vapeur qui arrive à chaque coupole sont deux prises de vapeur, alimentant chacune un groupe de deux poêles.

Le rayonnement de ces poêles, élevant à une haute température l'air contenu dans la chambre, lui donne une force ascensionnelle qui le lance dans la cheminée formée par l'escalier tournant. Il en résulte dans la chambre un vide partiel dont la force est suffisante pour aspirer l'air par les gaines collectrices horizontales, et par conséquent par les tuyaux de ventilation qui les alimentent.

Le débouché de l'escalier sur le belvédère se ferme par une sorte de parapluie vitré à contrepoids.

En hiver, l'excès de la température intérieure du bâtiment sur la température extérieure est suffisant pour que le mouvement de la ventilation se produise naturellement par les parties supérieures et ajourées de la coupole, sans qu'il soit besoin de chauffer les poêles par une admission de vapeur. D'autres orifices d'évacuation sans appareils d'appel et formés simplement de châssis ouvrants sont ménagés dans le plafond vitré de la grande nef centrale et dans la toiture vitrée qui la domine.

Appareils spéciaux de l'installation du chauffage.

Détendeurs de vapeur.

Ce sont des soupapes destinées à limiter la pression maximum admise dans les conduites du chauffage. Elles sont réglées de façon à ne pas admettre dans les conduites une pression supérieure à 3 kilogrammes.

Chaque appareil comprend une soupape équilibrée, dont la tige est surmontée d'un piston à frottement doux, dont la face inférieure reçoit la pression de la vapeur des conduites de chauffage. Ce piston est maintenu dans sa position basse par un levier chargé d'un poids calculé. Dans cette position, la soupape est ouverte et laisse passer la vapeur venant du collecteur dans la conduite correspondante. Lorsque la vapeur dans cette conduite atteint la pression limite, sa tension devient suffisante pour vaincre la résistance du poids; elle soulève le piston et règle la soupape; un manomètre placé sur l'appareil permet de contrôler son bon fonctionnement.

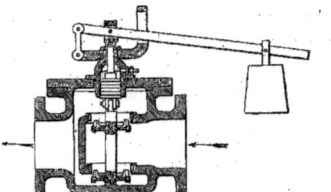

Fig. 22. — Détendeur de vapeur.

Dans chaque coupole, un manomètre et un indicateur de vide font connaître la pression pendant le chauffage et la dépression causée par la condensation de la vapeur dans la tuyauterie après l'arrêt du chauffage.

Des reniflards aux extrémités de chaque branchement partiel laissent rentrer l'air pour empêcher la production du vide dans la tuyauterie.

Ballons collecteurs des eaux de condensation.

Toutes les conduites secondaires qui ont recueilli les eaux de condensation des appareils de chauffage arrivent avec une légère pente à un ballon cylindrique en tôle, qui remplit l'office de purgeur automatique.

Le mélange d'eau et de vapeur se sépare dans ce ballon en couches horizontales; une prise à la partie inférieure sert à l'évacuation de l'eau. Le niveau du ballon étant inférieur à celui des réservoirs dans lesquels l'eau doit être recueillie, il a fallu compléter l'installation par l'emploi d'un autre ballon placé à côté du précédent dans une bâche commune et communiquant avec lui par sa partie inférieure. Ce second ballon est le récipient dans lequel on laisse arriver l'eau du premier ballon pour la refouler par pression de vapeur dans les réservoirs qui alimentent les générateurs.

Un flotteur à engrenage et cadran indique constamment le niveau de l'eau dans l'appareil.

CONSIDÉRATIONS GÉNÉRALES.

Effets de la dilatation.

La nature de la construction obligeait à s'inquiéter des effets que produirait la dilatation des parties métalliques, et spécialement celle des piliers qui contiennent les tuyaux de vapeur. Au moment du chauffage, les piliers peuvent atteindre une température de 50 degrés; ils se refroidissent ensuite pour descendre jusqu'à près de zéro, le matin avant l'allumage. Cette différence de température produit sur la longueur des piliers un allongement de près de 13 millimètres environ. Les piliers portent tous les planchers et soulèvent avec eux toute la construction. La seule précaution à prendre était de permettre cette dilatation aux assemblages qui fixent les piliers métalliques à la maçonnerie des façades. Pour cela, les tiges de fer rond, scellées verticalement dans les piles en pierre à chaque étage, ne sont reliées aux piliers adossés que par un anneau en fer qui s'oppose à l'écartement tout en permettant le mouvement vertical de dilatation.

Pour les piliers qui ne contiennent pas de tuyaux de chauffage, ou dans lesquels le chauffage a été arrêté pendant qu'il a été maintenu dans les autres, il résulte à chaque assemblage de plancher une légère dénivellation autour de ce pilier, variant entre zéro et 13 millimètres, suivant la hauteur à laquelle le plancher s'assemble au pilier. Les piliers étant écartés les uns des autres de 8 mètres en moyenne, l'inclinaison qui en résulte est insignifiante autant pour la solidité des assemblages, grâce à l'élasticité des poutrelles en fer, que pour l'aspect des parquets qui suivent le mouvement.

Les allongements horizontaux des poutrelles qui entretoisent les piliers sont sans importance pour celles dirigées parallèlement à l'axe transversal du bâtiment, à cause de la séparation que met la nef intérieure entre les poutrelles qui y aboutissent perpendiculairement.

Il n'en est pas de même des poutrelles qui longent les façades rue de Provence et boulevard Haussmann, et dont les dilatations partielles s'additionnent pour faire un allongement total dont l'importance est de 23 millimètres sur la longueur de la rue de Provence pour une différence de température intérieure variant entre zéro et 30 degrés.

Il a fallu prendre la précaution de ne pas appuyer les piliers extrêmes contre la maçonnerie des tourelles, et c'est sur l'intervalle laissé entre ces deux parties que se font sentir les effets de la dilatation.

La dilatation importante et relativement brusque des piliers verticaux pendant les heures de chauffage a nécessité également certaines précautions pour ceux qui contiennent des tuyaux d'eau froide et spécialement pour les tuyaux du service d'incendie qui sont rendus solidaires du pilier à chaque étage à l'endroit où ils le traversent pour alimenter la lance d'extinction. Le joint de chaque prise, à sa traversée du pilier, a dû être fait de manière à permettre la dilatation du pilier sans qu'il en pût résulter aucun effort sur les joints du tuyau vertical distributeur, afin d'éviter les fuites qui en seraient la conséquence.

Les dilatations des tuyauteries de vapeur ont été ménagées avec le plus grand soin, en faisant reposer les tuyauteries horizontales sur des supports à rouleaux et en ne fixant les tuyauteries verticales qu'en un point de leur hauteur, ainsi qu'il a été dit dans la description des colonnes de chauffage.

Prises d'air des générateurs Belleville.

Les huit générateurs de 50 chevaux qui fournissent la

vapeur à tous les services représentent une consommation d'air importante, à laquelle il eût été imprudent de pourvoir avec de l'air pris directement du sous-sol, sous peine de rendre le tirage difficile et de produire des rentrées d'air fort gênantes par toutes les ouvertures ou fissures de la construction.

Ces générateurs étant éloignés de la façade du boulevard Haussmann par une partie de magasins en sous-sol de 8 mètres de largeur, l'air a été pris à l'extérieur sur cette façade, sous les tablettes d'étalage, sur une longueur de trois travées; une cloison en maçonnerie avec partie supérieure vitrée, à l'alignement des piliers dans le sous-sol, forme un conduit descendant pour l'air du dehors qui traverse le sous-sol dans le vide laissé entre le béton de fondation et le parquet surélevé au moyen de supports en fer.

L'air arrive ainsi dans le sol derrière les générateurs, c'est-à-dire derrière le carneau collecteur de fumée; il s'élève verticalement dans le vide formé par le mur du carneau et une seconde cloison, traverse au-dessus des générateurs, entre le plancher du rez-de-chaussée et un faux plancher en tôle supporté par la saillie des cornières des solives, et arrive enfin dans la chambre de chauffe au plafond, en avant des générateurs.

Le faux plancher en tôle dont nous avons parlé protège le plancher du rez-de-chaussée contre le rayonnement direct du dessus des générateurs, et aussi contre les projections pouvant résulter d'un accident.

Tuyau collecteur des échappements de vapeur.

Indépendamment des quatre machines principales de 120 chevaux (sur l'arbre), dont la marche normale est la condensation, mais qui sont disposées pour marcher également à échappement libre en cas de besoin, l'installation mécanique du *Printemps* comprend :

Une machine de 20 chevaux pour l'éclairage des sous-sols pendant la journée;

Trois pompes refoulant l'eau des trois puits, soit aux réservoirs supérieurs pour la manœuvre des ascenseurs, les cuisines et les services de propreté, soit aux réservoirs inférieurs pour la condensation des machines;

Les pompes alimentaires des générateurs.

Toutes ces machines marchent à échappement libre. Ne voulant pas envoyer ces échappements dans la cheminée des générateurs pour ne pas en influencer le tirage, on a établi le long de cette cheminée un tuyau en fonte de 300 millimètres de diamètre, surmontant un récipient en tôle de 800 millimètres de diamètre et 4 mètres de haut, dans lequel vient déboucher le tuyau collecteur de tous les échappements.

Aération de la chambre des générateurs.

Les sept générateurs Belleville de 50 chevaux, à enveloppe métallique, installés actuellement dans le sous-sol, dégagent dans la chambre qui les contient une chaleur d'autant plus grande que l'espace laissé en face de la batterie pour le service des feux est relativement étroit.

Il a fallu s'inquiéter de produire dans cette chambre une puissante ventilation pour faciliter le service des chauffeurs.

Le moyen employé est un renouvellement d'air produit par l'utilisation du rayonnement de la cheminée en tôle.

Nous avons vu comment l'air extérieur arrive en grande quantité dans la chambre par un faux plancher au-dessus des générateurs. Une prise spéciale donne également un large débouché à l'air extérieur par une grille verticale disposée sur le sol à une extrémité de la chambre. A l'autre extrémité, l'air de la pièce est recueilli dans une large gaine qui le conduit au-dessus du carneau de fumée jusqu'à une cheminée en briques enveloppant, sur une hauteur de 10 mètres, la cheminée en tôle des générateurs en même temps que le récipient collecteur des échappements de vapeur et le tuyau d'évacuation qui le surmonte.

Le rayonnement de ces différentes parties donne à l'air venant de la chambre des générateurs un excès de chaleur tel, qu'il en résulte dans la cheminée en briques une force ascensionnelle considérable qui aspire et entraîne avec elle l'air de la chambre et provoque son remplacement par de l'air frais venant de l'extérieur.

Des expériences anémométriques faites en été ont permis de constater que l'air se renouvelle par ce moyen une fois par minute.

RENSEIGNEMENTS GÉNÉRAUX.

Nombre et poids des poêles à vapeur.

L'installation complète du chauffage et de la ventilation comprendra :

Pour le chauffage....................	75 poêles
Pour la ventilation...................	15 —
Total.....	90 poêles à vapeur

Un poêle pèse 270 kilogrammes.
Le poids de la fonte représentée par les poêles est donc de 24 300 kilogrammes.

Nombre et poids des tuyaux de chauffage.

Les colonnes de chauffage seront au nombre de 100.
Chaque colonne comprend :

  23 tuyaux à lames de 1m,50 de longueur.
   2 — lisses de 1m,25 —
   1 — — de 0m,50 —
   6 tampons à brides.

représentant une long. de un poids de..............	47 mètres 750 kilogrammes, soit pour les 100 colonnes
une longueur de............ un poids de..............	4 700 mètres de tuyaux de fonte et 75 000 kilogrammes.
Ce qui donnera avec les poêles, comme poids total des fontes des appareils de chauffage, environ........	100 000 kilogrammes.

Nombre des joints.

Depuis la prise de vapeur sur la tuyauterie de distribution, jusqu'à la tubulure sur la conduite collectrice d'eau condensée, l'installation d'un poêle comprend 7 joints, et l'installation d'une colonne 46 joints, soit, pour les 75 poêles, 525 joints, et, pour les 100 colonnes, 4600.

La tuyauterie en cuivre de distribution de vapeur en sous-sol, y compris les 4 montées de vapeur, forme un développement d'environ 700 mètres.

La distribution de vapeur au sommet de la colonne de chauffage comprendra environ 400 mètres.

La tuyauterie horizontale de retour d'eau condensée en sous-sol comprendra environ 1000 mètres.

Soit, en totalité, 2100 mètres de tuyauterie avec environ 1000 joints.

Le nombre des joints de vapeur dans l'installation complète pourra donc s'estimer pour l'édifice entier à 6000, et, pour la partie actuellement construite, à 4500.

Tous ces travaux de chauffage et de ventilation ont été exécutés par M. Anceau, ingénieur des Arts et Manufactures, successeur de la maison d'Hamelincourt.

CALCULS

Déperditions.

Les calculs de déperdition de chaleur, appliqués suivant la nature de la construction, donnent pour l'édifice les résultats suivants :

Nombre de calories perdues par heure et par différence de 1 degré :

1° Par les façades extérieures............	16 650
2° Par le plafond vitré du hall............	1 800
3° Par les toitures des 4° et 5° étages........	6 400
4° Par les murs et le sol du sous-sol........	3 675
Total............	28 525

soit environ une perte de 30 000 calories par heure et par différence de 1 degré entre la température intérieure de l'édifice et la température extérieure.

Considérations sur l'établissement du régime de température.

La quantité de maçonnerie qui entre dans la construction de l'édifice est peu importante : sur les façades, il n'y a que quelques piles en pierre et intérieurement les parties maçonnées n'existent que dans l'épaisseur des planchers ; ce sont là des masses insuffisantes pour faire des réservoirs de chaleur proportionnés au cube de l'édifice et permettre d'établir ce que l'on appelle le régime de température, c'est-à-dire, d'accumuler dans la masse de la construction une quantité de chaleur suffisante qui, se dégageant par suite peu à peu quand le chauffage est suspendu, suffise à compenser pendant assez longtemps le refroidissement dû aux déperditions des façades.

Les façades sont presque entièrement vitrées.

La construction intérieure, tout entière sans cloisons, ne comporte que des piliers et des planchers en fer, la quantité de chaleur, bien qu'importante, que peut renfermer cette masse métallique, est rapidement dégagée après la cessation du chauffage et ne suffit que pendant quelques heures à combattre la basse température à combattre la déperdition.

La quantité de chaleur que contient le bâtiment lorsque la température a été élevée à 15 degrés est renfermée dans les 3 800 000 kilogrammes de fer qui composent la charpente métallique et dans les 8000 mètres cubes d'air qu'elle enveloppe. Cette quantité de chaleur s'élève au chiffre de 6 800 000 calories.

Par un froid de 10 degrés au-dessous de zéro, la température intérieure étant de 15 degrés lorsqu'on arrête le chauffage, ces 3 800 000 calories seront consommées peu à peu par les déperditions ; le fer, en raison de sa grande conductibilité, se maintiendra constamment à la même température que l'air ambiant, et la température intérieure descendra successivement :

Après	1 heure de refroidissement à	12°,40	environ
—	2 heures	—	11°,90 —
—	3 —	—	10°,50 —
—	4 —	—	9°,20 —
—	5 —	—	7°,95 —
—	6 —	—	6°,70 —
Après	7 heures de refroidissement	5°,60	environ
—	8 —	—	4°,50 —
—	9 —	—	3°,55 —
—	10 —	—	2°,65 —
—	11 —	—	1°,70 —
—	12 —	—	0°,80 —
—	13 —	—	0° —

Il suffira donc de 13 heures de refroidissement par un froid extérieur de 10 degrés pour consommer les 6 800 000 calories accumulées, et abaisser la température intérieure à zéro.

En considérant le cas plus ordinaire d'un froid de zéro à l'extérieur, on trouverait qu'il faudra 15 heures de refroidissement pour faire descendre à 5 degrés au-dessus de zéro la température intérieure de l'édifice prise à 15 degrés à l'arrêt du chauffage.

Puissance des appareils installés.

Ces considérations ont conduit à faire une installation ayant une puissance suffisante pour amener rapidement à 15 degrés la température intérieure de l'édifice supposé pris tous les matins à une température voisine de zéro.

Pendant cette période d'échauffement, on voit se reproduire en sens inverse l'influence de la masse métallique de la construction qui absorbe au fur et à mesure de sa production la chaleur dégagée par les appareils.

L'installation complète comprend 75 poêles à vapeur et 100 colonnes de tuyaux à ailettes qui représentent ensemble une puissance de dégagement de 2 325 000 calories, c'est-à-dire une consommation de 4050 kilogrammes de vapeur correspondant environ à 232 chevaux.

Avec cette puissance d'appareils, la température extérieure étant de — 10 degrés et la température intérieure étant prise à zéro, l'élévation progressive de la température se produira comme suit :

La première demi-heure de chauffage échauffe la tuyauterie et les appareils à 100 degrés.

L'heure suivante échauffe à 40 degrés environ les piliers qui contiennent des tuyaux de chauffage.

L'heure suivante donne à l'intérieur de l'édifice une température de + 5 degrés.

L'heure suivante donne à l'intérieur de l'édifice une température de + 10 degrés.

L'heure suivante donne à l'intérieur de l'édifice une température de + 13 degrés.

La demi-heure suivante donne à l'intérieur de l'édifice une température de + 15 degrés.

Il faut donc, par un froid de — 10 degrés, cinq heures de chauffage effectif pour élever la température intérieure de zéro à 15 degrés ; ce qui correspond à commencer le chauffage à quatre heures et demie du matin pour avoir la température de 10 degrés à huit heures quand arrivent les employés et 15 degrés à neuf heures et demie quand se présente le public.

Bien qu'un froid de — 10 degrés soit rare à Paris, nous avons eu dans certains hivers rigoureux des températures plus basses encore. Ce que nous venons de dire sur l'élévation progressive de la température pendant les heures de chauffage, permet de se rendre compte que l'installation telle qu'elle est exécutée est à même de combattre les plus grands froids. Pour ces cas exceptionnels, il suffira de diminuer la durée de la période de refroidissement, soit en continuant le chauffage le soir, soit en le recommençant le matin de meilleure heure. Cet excès de puissance dans les appareils de chauffage nous garantit contre les causes de refroidissement dont les calculs ne nous permettent pas de tenir compte et particulièrement contre les rentrées d'air froid inévitables pendant l'entrée du public.

Il permet aussi d'assurer le service en temps ordinaire avec une partie de l'installation en cas de réparation.

Le chauffage étant forcément supprimé pendant les heures d'éclairage à l'électricité, la meilleure marche à suivre dans la conduite des appareils est de donner une température au moins égale à 15 degrés avant d'arrêter le chauffage et, suivant le froid, de recommencer à chauffer plus ou moins tôt, de façon à ne jamais laisser descendre la température intérieure au-dessous de + 5 degrés.

V

ÉCLAIRAGE ÉLECTRIQUE.

L'éclairage de magasins aussi vastes que ceux du *Printemps* était une opération difficile; les conditions auxquelles il fallait satisfaire étaient multiples. On devait considérer les besoins du service, l'effet produit et aussi le prix de revient. Deux moyens se présentaient : le gaz et l'électricité.

Le gaz est d'une grande simplicité d'emploi ; mais il a des inconvénients sérieux que tout le monde connaît et qu'il est presque superflu d'énumérer. Nous dirons pourtant que dans le cas spécial du *Printemps* ces inconvénients avaient une importance toute particulière.

Dans les rayons, forcément bas et encombrés, la chaleur qu'il produit est extrêmement désagréable, et la dénaturation de l'air, privé en partie de son oxygène par la combustion, conduit rapidement à l'anémie le personnel nombreux enfermé dans ces immenses ruches. L'altération des nuances par les rayons colorés de sa flamme nuit considérablement à la vente du soir, et les produits enfumés qu'il dégage sont une cause de préjudice énorme dans un magasin décoré avec luxe et rempli d'objets dont la fraîcheur est une qualité essentielle. Enfin, les menaces d'explosion et d'incendie étaient à considérer, l'ancien *Printemps* ayant été détruit par le gaz.

L'électricité répondait assurément mieux au programme imposé. Elle n'a aucun des inconvénients signalés ci-dessus et elle permet d'obtenir un éclairage beaucoup plus abondant et très favorable à l'effet des produits exposés. On peut lui reprocher d'exiger l'installation de moteurs puissants et d'appareils avec lesquels le personnel d'un magasin de nouveautés est peu familiarisé. Mais dans un établissement de l'importance des magasins du *Printemps*, une véritable usine est nécessaire pour assurer les services accessoires et un personnel spécial doit exister dans tous les cas : la difficulté était donc plus apparente que réelle. Du reste, les résultats obtenus dans toutes les grandes villes du monde, et, pour ne citer que Paris, dans les magasins du *Louvre*, à l'Hippodrome, et dans certains autres grands établissements, ne permettaient aucun doute à ce sujet.

Restait la question du prix de revient. Les compagnies qui s'occupent d'éclairage électrique prétendent que l'électricité coûte moins cher que le gaz. D'une manière générale cette affirmation peut être discutée. Mais, dans le cas de grands locaux devant être largement éclairés, on pouvait la croire vraie. Nous ne nous étendrons pas ici sur les considérations qui fortifiaient cette opinion; nous reprendrons plus tard cette question du prix de revient et l'établirons par des résultats acquis. D'ailleurs, le directeur des magasins du *Printemps*, encore sous l'impression d'un sinistre récent, devait naturellement repousser le gaz et admettre en principe l'électricité comme mode exclusif d'éclairage des nouveaux magasins.

Mais, bien qu'elle ne soit pas très ancienne, cette industrie a recours à des procédés déjà nombreux, et le choix nécessitait une étude sérieuse.

L'électricité produit la lumière de deux manières : 1° par l'arc voltaïque, en faisant franchir au courant électrique un espace de quelques millimètres séparant deux électrodes constitués généralement par des crayons de charbon aggloméré; 2° par l'incandescence, en forçant ce même courant à se frayer un passage à travers un corps réfractaire et insuffisamment conducteur. Le foyer à arc voltaïque produit une lumière éclatante pouvant atteindre une intensité considérable. L'incandescence se prête mieux à la grande division des points lumineux; elle produit comme aspect des résultats absolument analogues à ceux du gaz. Le premier moyen semble donc particulièrement indiqué dans les locaux d'une certaine étendue où il est intéressant d'éclairer l'espace; il a du reste l'avantage d'exiger, pour une même quantité de lumière, une force motrice beaucoup moins grande. On peut compter d'un foyer à arc donne de cinquante à cent carcels par cheval dépensé, suivant son intensité et les conditions dans lesquelles il est installé, tandis qu'un foyer à incandescence exige un cheval pour dix à douze carcels.

Ces considérations décidèrent pour le foyer à arc dans les magasins, et pour l'incandescence dans les locaux accessoires : bureaux d'expéditions, salles à manger, cuisines, ateliers de couture, etc. L'incandescence fut de même adoptée pour les pavillons d'angle du monument; cela pour donner aux caisses une lumière fixe et aussi, en vue d'un effet décoratif.

Les lampes à incandescence qui sont d'un usage courant sont celles d'Edison, de Maxim et de Swan. Elles diffèrent un peu d'aspect, mais elles ont en somme une très grande analogie et le choix présentait peu d'intérêt. Le montage étant le même, il fut décidé qu'on emploierait les trois systèmes. C'était, par l'emploi de différents systèmes, donner plus d'intérêt à l'installation électrique du *Printemps*. Les lampes Edison et Swan ont été placées sur les lustres des pavillons d'angle, et les lampes Maxim dans tous les autres locaux.

La question des appareils à arc n'était pas aussi simple. On se trouvait en présence de plusieurs procédés absolument différents, ayant chacun ses avantages et ses inconvénients. Il y avait matière à une appréciation assez délicate.

En mettant de côté quelques appareils mixtes, réunissant plus ou moins l'arc à l'incandescence, et qui n'ont du reste jusqu'à présent donné aucun résultat concluant, on se trouvait en présence de deux systèmes bien distincts :

1° Les régulateurs, dans lesquels les charbons, placés bout à bout dans le même axe, verticalement ou horizontalement, se rapprochent à mesure qu'ils s'usent, au moyen d'un mécanisme spécial réglé par le courant : d'où le nom de régulateurs; 2° les appareils à charbons parallèles connus généralement sous le nom de bougies, nom qui leur a été donné par M. Jablochkoff, auteur du proto-type. Une condition essentielle était l'emploi d'appareils permettant la division des courants. Il est bien évident que, tout en cherchant à éclairer abondamment les galeries, il ne fallait pas penser à y mettre ces puissants foyers, d'une intensité considérable, dont le nombre eût été forcément limité : la lumière eût été mal répartie. Ces appareils doivent du reste se placer à une hauteur qu'il était impossible d'atteindre. Après examen des installations similaires faites antérieurement, il a semblé que des foyers de quarante à cinquante carcels étaient les plus convenables (1). On avait alors à choisir entre quelques régulateurs à peu près basés sur le même principe et se valant, et les bougies, dont une seule, la bougie Jablochkoff, avait fait ses preuves. On opta pour cette dernière, qui parut, par sa simplicité, présenter les garanties les plus sérieuses pour la régularité du service et qui seule, du reste, pouvait offrir comme références des installations déjà anciennes ayant beaucoup d'analogie avec celle qui était en vue.

La bougie Jablochkoff est un objet extrêmement simple. Elle se compose de deux crayons en charbon aggloméré, placés parallèlement à quelques millimètres l'un de l'autre et séparés par une matière isolante. Elle se place dans le circuit même. Le courant est amené à l'un des charbons, passe dans l'autre en produisant l'arc voltaïque et reprend le circuit pour aller à la bougie suivante, où il agit de la même manière. La matière isolante a pour but de maintenir l'arc à la pointe ; elle est constituée par un mélange de plâtre et de sulfate de baryte qui se volatilise par la chaleur de l'arc et disparaît à mesure que les charbons s'usent.

On comprend par ce qui précède, comment plusieurs bougies peuvent se placer sur un même circuit. Le nombre dépend de la tension électrique, ou, pour employer l'expression consacrée, de la force électro-motrice dont on dispose. Généralement on se limite à cinq, pour ne pas atteindre une tension trop élevée et éviter les difficultés auxquelles elle donnerait lieu pour la construction et l'entretien des machines et pour l'isolation des fils de circuit.

Ici nous croyons devoir ouvrir une parenthèse pour donner, en quelques mots, une explication qui ne sera peut-être pas superflue. Un courant électrique est produit par une différence de tension électrique (différence de potentiel) entre deux points d'un circuit conducteur. Le générateur de force électro-motrice, pile ou machine, ferme le circuit en réunissant ces deux points et il a pour fonction de produire et de maintenir constant le défaut d'équilibre électrique. L'intensité du courant est proportionnelle à la force électro-motrice qui l'engendre et en même temps inversement proportionnelle à la résistance opposée par le circuit à son passage, résistance qui dépend de la nature des corps parcourus par le courant et de leurs dimensions.

(1) L'intensité du bec Carcel type est celle que donne une lampe dont la mèche a 20 millimètres de diamètre et qui brûle 42 grammes d'huile de colza à l'heure, avec une flamme de 40 millimètres de hauteur.

Chaque bougie placée dans le circuit constitue une résistance relativement grande. *La force électro-motrice doit donc augmenter proportionnellement au nombre de bougies placées à la suite les unes des autres*, l'intensité devant rester la même pour que l'arc se produise dans de bonnes conditions.

La production de l'arc voltaïque par un courant continu ayant pour effet d'user l'un des charbons (le positif) deux fois plus vite que l'autre, ce moyen ne peut pas convenir pour les bougies Jablochkoff, dont les pointes doivent être maintenues au même niveau. Il faut nécessairement les alimenter par des courants alternativement renversés. Plusieurs machines à induction permettent de réaliser cette condition, notamment celles de Nollet (société l'*Alliance*), de Meritens, de Siemens, de Gramme, etc. Les deux premières sont du genre magnéto-électrique, ce qui veut dire que l'induction est produite par des aimants permanents. Les deux dernières ont pour inducteurs des électro-aimants et portent pour cette raison le nom de dynamo-électriques, le courant électrique ayant pour unique cause le travail dépensé.

Les machines magnéto-électriques sont aujourd'hui à peu près abandonnées à cause de leurs dimensions encombrantes et de leur prix élevé. Parmi les autres, la machine Gramme, la plus répandue d'ailleurs, a été adoptée exclusivement par la Société l'*Éclairage électrique* qui exploite les procédés Jablochkoff ; elle était donc indiquée pour l'éclairage du *Printemps*, d'autant plus qu'elle convient également bien pour les bougies Jablochkoff et pour les lampes à incandescence, ce qui permettait de n'avoir qu'un seul type de machine pour toute l'installation.

Nous n'entrerons dans aucun détail sur cette machine qui a été décrite bien des fois.

La partie des magasins du *Printemps* actuellement terminée occupe, en dedans des murs, une superficie de 1 949 mètres carrés et, en tenant compte des étages superposés, la surface à éclairer est de 12 612 mètres carrés. La lumière est fournie à l'intérieur par :

232 bougies de 4 m/m donnant chacune 30 carcels utiles, à travers des globes opales clairs, soit................ 6960 carcels.
14 bougies de 6 m/m qui donnent, l'une, 65 carcels.. 910 —
211 lampes à incandescence de 2 carcels.......... 422 —
        Ensemble.... 8292 carcels.

Soit, en moyenne, $\frac{8292}{12612} = 0^c,6574$ par mètre carré.

Il y en a en outre :

4 bougies de 4 m/m et 12 lampes à incandescence dans différents salons du boulevard Haussmann, n° 64............................... 144 carcels.
1 bougie de 6 m/m et 4 régulateurs de 150 carcels au-dessus du plafond vitré de la nef........ 665 —
4 bougies de 4 m/m sur la façade de la rue du Havre. 120 —
3 bougies de 6 m/m sous les marquises du boulevard Haussmann........................... 195 —
       Soit en tout...... 9416 carcels.

lesquels sont fournis par :
  240 bougies de 4 $^m/_m$,
  18 bougies de 6 $^m/_m$,
  4 régulateurs,
  223 lampes à incandescence.

Le tableau suivant indique, pour chaque partie de l'édifice, la superficie éclairée et la quantité de lumière correspondante.

DÉSIGNATION DES LOCAUX	SURFACE	BOUGIES DE 4 $^m/_m$	BOUGIES DE 6 $^m/_m$	LAMPES À INCANDESCENCE	CARCELS	CARCELS PAR M²
	M²					
Vestibule	160	»	6	»	390	2.4375
Rotondes d'angle	96	»	»	75	150	1.5625
Grande nef	428	»	5	8	»	670	1.5654
Galeries du rez-de-chaussée	1265	42	»	»	1260	0.9960
Entresol	1285	34	»	»	1020	0.7988
Premier étage	1575	42	»	2	1264	0.8025
Second étage	1575	42	»	6	1272	0.8076
Troisième étage	1575	25	»	30	810	0.5143
Quatrième étage	1500	11	»	32	394	0.2627
Cinquième étage	1200	9	»	26	322	0.2683
Réserves, sous-sols	1375	13	»	»	390	0.2836
Chambre des machines	428	4	»	10	140	0.3271
Chambre de chauffe	150	2	»	»	60	0.4000
Escalier de service	»	3	»	»	90	»
Cabinets	»	»	»	30	60	»
Éclairage intérieur	12612	232	14	211	8292	0.6574

Il y a lieu de remarquer que le vestibule et les rotondes comprennent en hauteur le rez-de-chaussée et l'entresol, c'est ce qui motive la plus grande quantité de lumière par rapport à la surface. La grande nef, qui s'élève dans toute la hauteur du bâtiment, reçoit de la lumière de toutes les galeries qui l'entourent, sans cela son éclairage spécial aurait dû être plus considérable encore.

Cette énorme quantité de lumière est produite par dix-sept machines Gramme auto-excitatrices, dites de vingt foyers. Chacune d'elles alimente quatre circuits, et sur chaque circuit on peut placer cinq bougies Jablochkoff de 4 millimètres ou trente-cinq lampes à incandescence. Les bougies de 6 millimètres se placent sur deux circuits groupés en quantité, on peut en mettre six sur un circuit doublé.

Il y a, en outre, une machine pour le service de jour et quatre machines de rechange, ce qui fait un total de vingt-deux machines dynamo-électriques. Celles du service ordinaire sont actionnées par trois machines à vapeur principales de cent chevaux chacune, à raison de sept par machine. La vingt-deuxième, réservée à l'éclairage de jour, est commandée par une machine spéciale de la force de vingt chevaux. La vapeur est fournie par un groupe de sept générateurs Belleville, dont quatre sont spécialement affectés à l'éclairage. Les autres servent pour les services accessoires et pour le chauffage des magasins en hiver.

On pourrait croire qu'au lieu d'employer autant de machines de vingt foyers, il eût été plus simple d'adopter un type plus puissant. Si l'on ne s'est pas arrêté à cette idée

séduisante, c'est qu'elle a au moins un inconvénient très sérieux. L'éclairage de l'Hippodrome avait été monté à l'origine avec deux groupes de machines électriques : d'un côté quatre machines de vingt foyers, dont une de rechange, de l'autre une machine de soixante foyers construite spécialement pour cette application. Toutes ces machines donnaient le même résultat comme qualité de

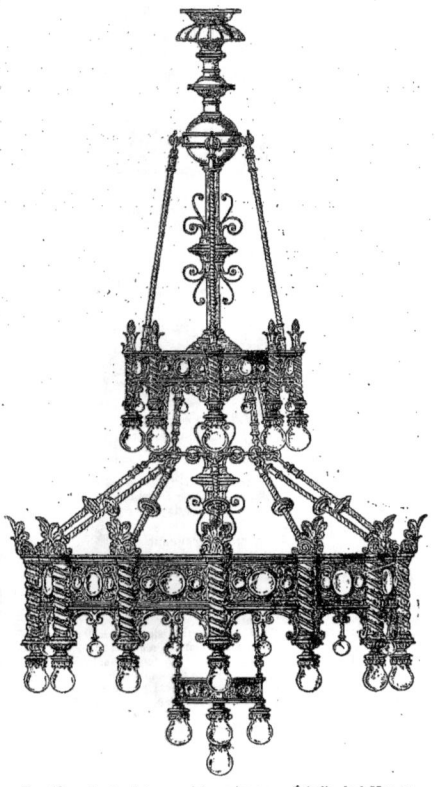

Fig. 23. — Lustre à lampes à incandescence. Échelle de 0.05 p. m.

lumière ; mais la dernière produisait, probablement à cause du grand diamètre de l'électro-aimant, un bruit tel, que l'administration dut la supprimer et la remplacer par trois machines de vingt foyers.

L'emploi de machines de soixante foyers aurait peut-être permis l'application d'un débrayage à chacune d'elles, ce qui eût été un avantage. Mais il n'est pas certain que ces débrayages, qui auraient dû fonctionner en marche, eussent été pratiques à cause de la dimension des courroies et du grand nombre de tours des machines. L'avis des ingénieurs spéciaux, avec qui cette question fut discutée, a été que ces débrayages constitueraient vraisemblablement une complication plutôt dangereuse qu'utile (1).

Tous les circuits des machines électriques aboutissent à un ensemble de commutateurs d'où partent les circuits correspondant aux foyers. La combinaison des commutateurs est telle, qu'on peut alimenter un quelconque des circuits du magasin avec un quelconque des circuits des machines. De plus, les foyers sont alternés sur des circuits différents, alimentés, en service régulier, par des machines différentes, de manière que l'arrêt d'une machine

---

(1) Toutes les évaluations ci-après sont approximatives en tant qu'application absolue aux *Magasins du Printemps*. Elles sont cependant établies sur des données très approchées de la vérité et basées sur les éléments qui ont été fournis par M. Honoré, ingénieur des *Magasins du Louvre*, dans la *Revue industrielle* du 10 octobre 1883.

Voici les éléments donnés par M. Honoré, pour établir le prix de revient et la comparaison des divers systèmes d'éclairage dans les *Magasins du Louvre*.

La dépense par heure est :

1° Pour un bec de gaz :

$0^{mc},180$ de gaz à 0 fr. 30 le mètre cube........ 0,054
Entretien et service........................ 0,003 } 0 fr. 071
Amortissement à 10 pour 100 l'an.......... 0,014

Ce qui fait ressortir le mètre cube de gaz consommé à $\frac{0,071}{0,180} = 0$ fr. 394.

2° Pour un foyer Jablochkoff de $4^m/_m$:

Bougie..................................... 0,124
Force motrice, entretien, service............ 0,124 } 0 fr. 393
Amortissement à 10 pour 100 l'an............ 0,145

3° Pour une lampe à incandescence de 16 bougies :

Usure de lampe............................ 0,0004
Force motrice, entretien, service............ 0,0248 } 0 fr. 0533
Amortissement à 10 pour 100 l'an........... 0,0191

En prenant pour terme de comparaison le prix réel du mètre cube de gaz consommé, et en notant que une bougie Jablochkoff remplace dix becs de gaz, et une lampe à incandescence un bec, le prix de l'éclairage équivalent coûte :

Avec du gaz................................ 0 fr. 394
Avec des foyers Jablochkoff $\frac{0,393}{1,800}$....... 0 fr. 218
Avec des lampes à incandescence $\frac{0,0533}{0,180}$.... 0 fr. 296

La comparaison des frais d'amortissement dans les trois cas indique que la dépense d'installation première est à très peu près la même pour le gaz et pour l'éclairage Jablochkoff, et un peu plus élevée pour les lampes à incandescence. Ce résultat qui semble anormal au premier abord, en raison de l'usine considérable qu'il faut établir pour produire l'électricité, est logique cependant : l'appareillage établit une compensation. Une bougie Jablochkoff remplaçant dix becs de gaz, une simple lyre remplace dix des cas deux lustres de cinq becs ; et, d'une manière générale, l'appareillage électrique, avec moins de robinets, ni conduits étanches, est moins cher que l'appareillage à gaz, à importance égale.

L'appareillage du *Printemps* comprend :

1° Pour l'éclairage Jablochkoff :

11 lyres très riches dans la nef ;
152 lyres riches dans la nef et les galeries ;
65 lyres simples dans les sous-sols et les réserves ;
8 appliques très riches dans la nef et le vestibule ;
6 candélabres dans la nef ;
2 candélabres devant la façade ;
3 suspensions sous les marquises du boulevard Haussmann ;
7 appareils divers.

2° Pour les lampes à incandescence :

Trois lustres très riches dans les pavillons d'angle et des supports très simples avec abat-jour pour les locaux affectés à des services divers, où le public n'a pas accès.

Tous ces appareils, exécutés par la maison Lacarrière, ont été étudiés spécialement pour le service auquel ils étaient destinés ; tous les fils passent dans l'intérieur et sont complètement dissimulés. Ils ont été dessinés par l'architecte et exécutés par la maison Lacarrière avec tous les soins exigés pour des objets d'art. Un appareillage à gaz traité de la même manière aurait certainement coûté un prix considérable.

---

ne puisse donner lieu qu'à des extinctions disséminées. Nous terminons en disant que toute l'installation électrique du *Printemps* a été exécutée sous la direction de M. Paul Sédille, par les soins spéciaux de M. Bouly, ingénieur attaché à la Société l'*Éclairage électrique*.

Pour compléter ces notes sur l'éclairage électrique des *Magasins du Printemps*, il reste à établir quel peut être son prix de revient. Il doit comprendre :
La consommation des foyers électriques ;
La consommation des moteurs et machines ;
La main-d'œuvre ;
L'amortissement et l'intérêt du capital engagé ;
Les frais d'entretien du matériel.

1° *Consommation des foyers électriques.*

La durée de l'éclairage (1) complet peut être évaluée en moyenne à 5 heures par jour. L'éclairage de jour dure en outre 9 heures et se fait avec 20 bougies de $4^m/_m$. Les heures d'éclairage pour une journée entière peuvent donc être résumées comme suit :

Bougies de $4^m/_m$ ... 240 pendant 5 heures 1200 } 1380 heures.
—   20   —   9   —   180
Bougies de $6^m/_m$ ... 18   —   5   —   90   —
Régulateurs   4   —   5   —   20   —
Lampes à incandescence 223 — 5 — 1115 —

Les bougies de $4^m/_m$ peuvent durer 1 h. 45, mais, comme on ne les use pas toutes jusqu'au bout, il convient de ne compter seulement 1 h. 30 (c'est la durée constatée au *Louvre* avec les chandeliers ordinaires pendant l'année 1882). Au prix actuel (0 fr. 20 l'une), et en tenant compte du produit des déchets utilisables, l'heure bougie revient à 0 fr. 125 (M. Honoré a trouvé 0 fr. 124 au *Louvre*).

En calculant de la même manière pour les bougies de $6^m/_m$ qui valent 0 fr. 35 l'une et durent utilement 2 heures, on a pour prix de l'heure bougie 0 fr. 165.

Les régulateurs consomment par heure environ 0 fr. 225 (chiffre constaté au *Louvre*, 0 fr. 221).

Enfin les lampes à incandescence, en leur supposant une durée moyenne de 650 heures (les fabricants annoncent 800 heures) reviennent à 1 centime par heure.

On a donc par an, pour 300 jours d'éclairage :

Bougies de $4^m/_m$ .... 1380 h. × 300 = 414,000 h. à 0 fr. 125 = 51,750 fr.
Bougies de $6^m/_m$ ....   90 h. × 300 = 27,000 h. à 0 fr. 165 = 4,455 fr.
Régulateurs ....   20 h. × 300 =   6,000 h. à 0 fr. 225 = 1,350 fr.
Lampes à incandescence 1115 h. × 300 = 334,500 h. à 0 fr. 001 = 3,345 fr.

Ensemble........ 60,900 fr.

2° *Consommation des moteurs et machines.*

Pour évaluer cette partie de la dépense, nous admettrons, ce qui est sensiblement exact, que la force motrice est de :

0 ch. 9 pour une bougie de $4^m/_m$,
1 ch. 8 pour une bougie de $6^m/_m$,
2 ch. pour un régulateur,
0 ch. 17 pour une lampe à incandescence.

En combinant ces valeurs avec les nombres d'heures précédemment trouvés, on a, par an :

Pour les bougies de $4^m/_m$ 414,000 h. × 0 ch. 9 = 372,600 ch. pour une h.
— $6^m/_m$ 27,000 h. × 1 ch. 8 = 48,600   —
Pour les régulateurs   6,000 h. × 2 ch.   = 12,000   —
Pour les lampes   334,500 h. × 0 ch. 17 = 56,865   —

Ensemble..... 490,065 —

---

(1) Nous croyons que dans la pratique on a pu obtenir quelques économies sur la durée de l'éclairage.

Les machines motrices à détente variable et condensation (construction du Creusot), alimentées par des générateurs Belleville, consommeront au maximum 1ᵏ⁰,5 de houille par cheval-heure utile, y compris l'élévation de l'eau nécessaire pour la condensation.

On consommera donc, par an, 490,065 × 1.5 = 785,097ᵏ de houille, dont le prix, rendue au *Printemps*, sera au plus de 40 francs par tonne ; soit donc en chiffre rond 735 tonnes à 40 francs.................. 29,400 francs.
Le graissage, les chiffons et autres menues fournitures peuvent être évaluées à 0 fr. 02 par cheval-heure, soit...... 9,800 —
Ensemble........ 39,200 francs.

3° *Main-d'œuvre.*

Le personnel nécessaire pour assurer un bon service doit être composé de la manière suivante :
Moteurs : 1 chef mécanicien, 2 conducteurs de machines, 3 chauffeurs.
Machines électriques : 1 chef électricien, 2 graisseurs.
Éclairage : 2 électriciens, 6 pompiers (mémoire).
Service de jour : 1 conducteur de machines pour le moteur de la machine électrique, 1 chauffeur (ce dernier fournissant en même temps la vapeur nécessaire aux autres services du magasin).
Soit en somme un personnel coûtant environ 35 000 francs par an.
Dans le service d'éclairage, nous avons indiqué les pompiers, pour mémoire seulement, parce qu'ils doivent exister dans tous les cas.

4° *Amortissement et intérêt du capital.*

La dépense d'installation première peut être évaluée en totalité à la somme de 650 000 francs environ, comprenant :
Moteurs, transmissions, tuyauterie, courroies, générateurs, appareillage, machines et appareils électriques, fondations y compris une partie des cales des pompes, fonçage des fondations en caissons, etc.
L'amortissement et l'intérêt de cette somme calculés à raison de 10 pour 100 par an, s'élèvent à 65 000 francs.

5° *Entretien.*

On peut l'évaluer, en se basant sur des installations moins importantes mais similaires, à 5 pour 100 du prix du matériel.
Soit 550,000 × 0.05.................. 27,500 francs.

Résumé.

On a donc par an :
Consommation des foyers.................. 60,900 francs.
Consommation des moteurs et machines...... 39,200 —
Main-d'œuvre.................. 35,000 —
Amortissement et intérêt.................. 65,000 —
Entretien.................. 27,500 —
Total.............. 227,000 francs.

Pour compléter cette étude, il est intéressant de comparer le total que nous venons d'obtenir avec celui qui, établi dans les mêmes conditions, représenterait la dépense d'éclairage par le gaz. Cette comparaison ne peut évidemment être qu'approximative ; nous pouvons cependant, en prenant pour base les renseignements donnés par M. Honoré, ingénieur des *Magasins du Louvre*, arriver à un résultat très voisin de la vérité.

Nous avons vu que la quantité totale de lumière utilement fournie à travers des globes diffusants était, pour l'éclairage complet qui dure en moyenne 5 heures par jour, égale à 9416 carcels.

On a donc de ce chef par jour 9416 × 5 = ... 47,080 carcels heure.
L'éclairage de jour fait par 20 bougies de 4ᵐ/ₘ pendant 9 heures représente 20 × 30 × 9 = ... 5,400 —
Ce qui fait en tout par jour.................. 52,480 carcels heure.

et par an 52 480 × 300 = 15 744 000 carcels heure.
Le gaz, bien épuré et brûlé avec tous les soins possibles, donne, *en expérience*, 1 carcel pour 105 litres consommés en une heure ; mais pratiquement le rendement est un peu moindre et, en tenant compte des globes dépolis qu'on aurait forcément dû employer presque partout, on peut sans exagération admettre une consommation de 125 litres par heure et par carcel utile. L'éclairage complet du *Printemps*, tel qu'il est, correspondrait donc, par an, à 15 744 000 × 0.125 = 1 968 000 mètres cubes.
Si nous supposons, d'après M. Honoré, que le gaz, acheté 0 fr. 30 le mètre cube, revient à 0 fr. 394, en tenant compte de l'entretien et de l'amortissement du capital, à raison de 10 pour 100 par an, comme nous l'avons fait pour l'installation électrique, la dépense en argent serait

1,968,000 × 0.394 = 775,392 francs.

Mais hâtons-nous de dire que cet éclairage intensif n'aurait pas pu être obtenu sans rendre les magasins absolument inhabitables. Si le gaz avait été employé, on aurait été forcé de réduire l'éclairage de moitié. Naturellement la dépense eût été réduite dans la même proportion ; on aurait donc eu pour 387 696 francs moitié moins de lumière que n'en fournit l'électricité pour 227 600 francs.

Ces résultats, bien qu'approximatifs, concordent très sensiblement avec ceux qui ont été constatés par M. Honoré. Au Louvre, on a remplacé en moyenne 10 becs de 180 litres, c'est-à-dire $\frac{180 \times 10}{125} = 14$ carcels 4/10 par une bougie Jablochkoff de 30 carcels, et la dépense a été réduite dans le rapport de 0,394 à 0,218.

Grand cartouche au plafond du hall. Échelle de 0.025 p. m.

GRANDS MAGASINS DU PRINTEMPS

TABLE DES PLANCHES

I. Plan du rez-de-chaussée.
II. Plan du sous-sol. Installation des machines pour les différents services d'éclairage, de chauffage, de ventilation et d'eau.
III. Détail de la façade principale : Rez-de-chaussée.
IV. Détail de la façade principale : Premier et deuxième étages.
V. Détail de la façade principale : Troisième étage et comble.
VI. Rotondes : Détails développés du rez-de-chaussée.
VII. Rotondes : Détails développés des premier et deuxième étages.
VIII. Coupole et belvédère couronnant les pavillons circulaires.
IX. Entrées et grandes marquises sur le boulevard Haussmann.
X. Partie supérieure d'une travée sur le boulevard Haussmann.
XI. Coupe transversale sur les travées centrales de la rue de Provence, de la nef et boulevard Haussmann.
XII. Détails des caissons pour l'établissement des fondations des piliers isolés.
XIII. Ensemble et détails du grand caisson pour l'établissement des fondations des machines à vapeur.
XIV. Vue perspective : Angle de la rue du Havre et de la rue de Provence.

LÉGENDE

1. Cour de ventilation et.
2. grande cheminée des générateurs
3. Cœur de ventilation
4. Escalier de service du Sous-Sol aux cuisines des combles
5. Monte-charge
5, 6. Lavabos et W.C. Hommes
7, 8. Lavabos et W.C. Femmes
9. W.C. Clientèle
10. Bascule

PLAN DU REZ-DE-CHAUSSÉE

PAUL SÉDILLE, ARCH.^{te}

GRANDS MAGASINS DU PRINTEMPS
A PARIS

Paul Sédille del.

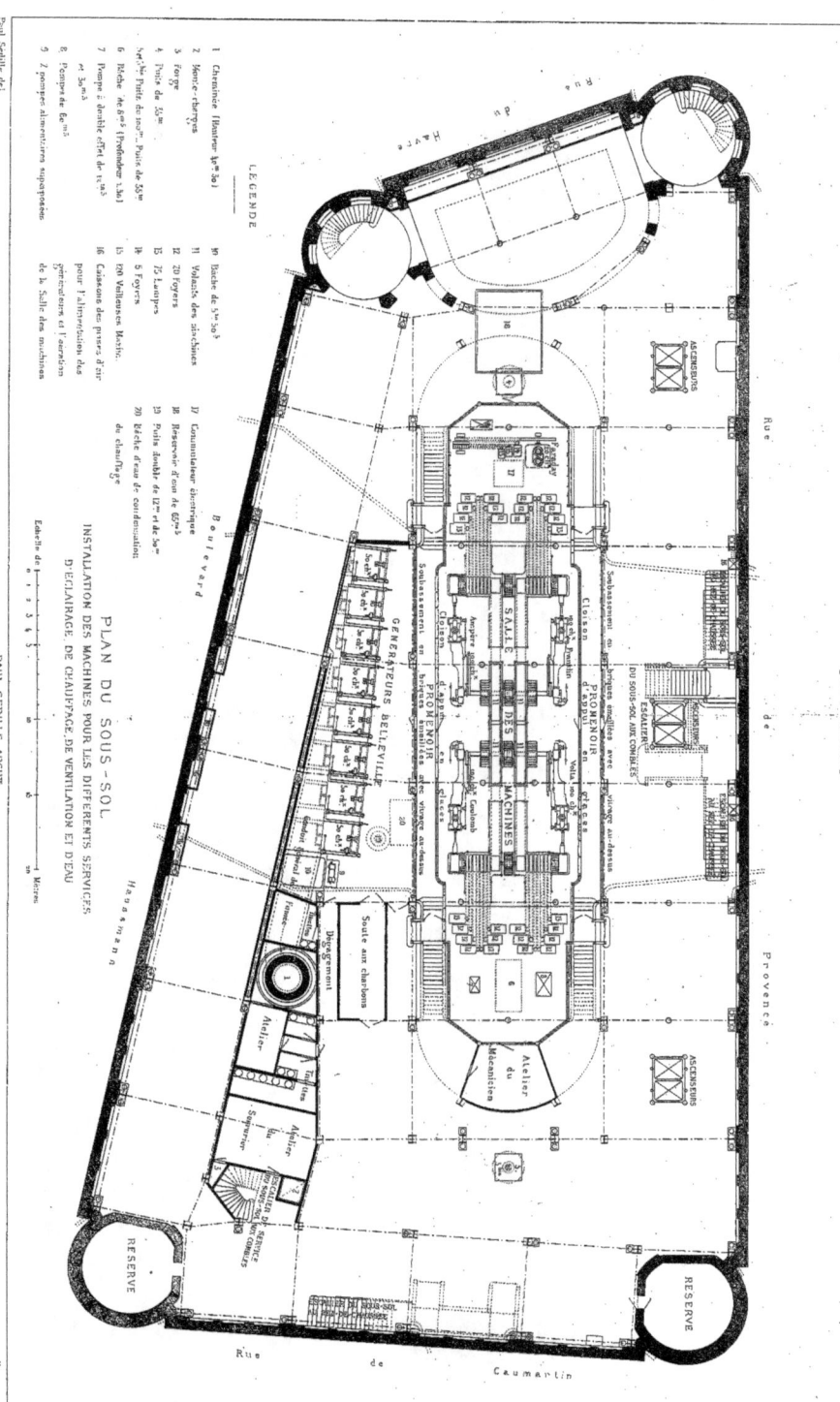

PLAN DU SOUS-SOL

INSTALLATION DES MACHINES POUR LES DIFFÉRENTS SERVICES,
D'ÉCLAIRAGE, DE CHAUFFAGE, DE VENTILATION ET D'EAU

GRANDS MAGASINS DU PRINTEMPS
A PARIS
II.

PAUL SÉDILLE, ARCH.te

GRANDS MAGASINS DU PRINTEMPS — PARIS
ROTONDES — DETAILS DEVELOPPES DU REZ-DE-CHAUSSEE
VI

GRANDS MAGASINS DU PRINTEMPS — PARIS
ROTONDES — DETAILS DEVELOPPES DES 1er ET 2ème ETAGES.

GRANDS MAGASINS DU PRINTEMPS – PARIS
COUPOLE ET BELVEDERE COURONNANT LES PAVILLONS CIRCULAIRES
VIII

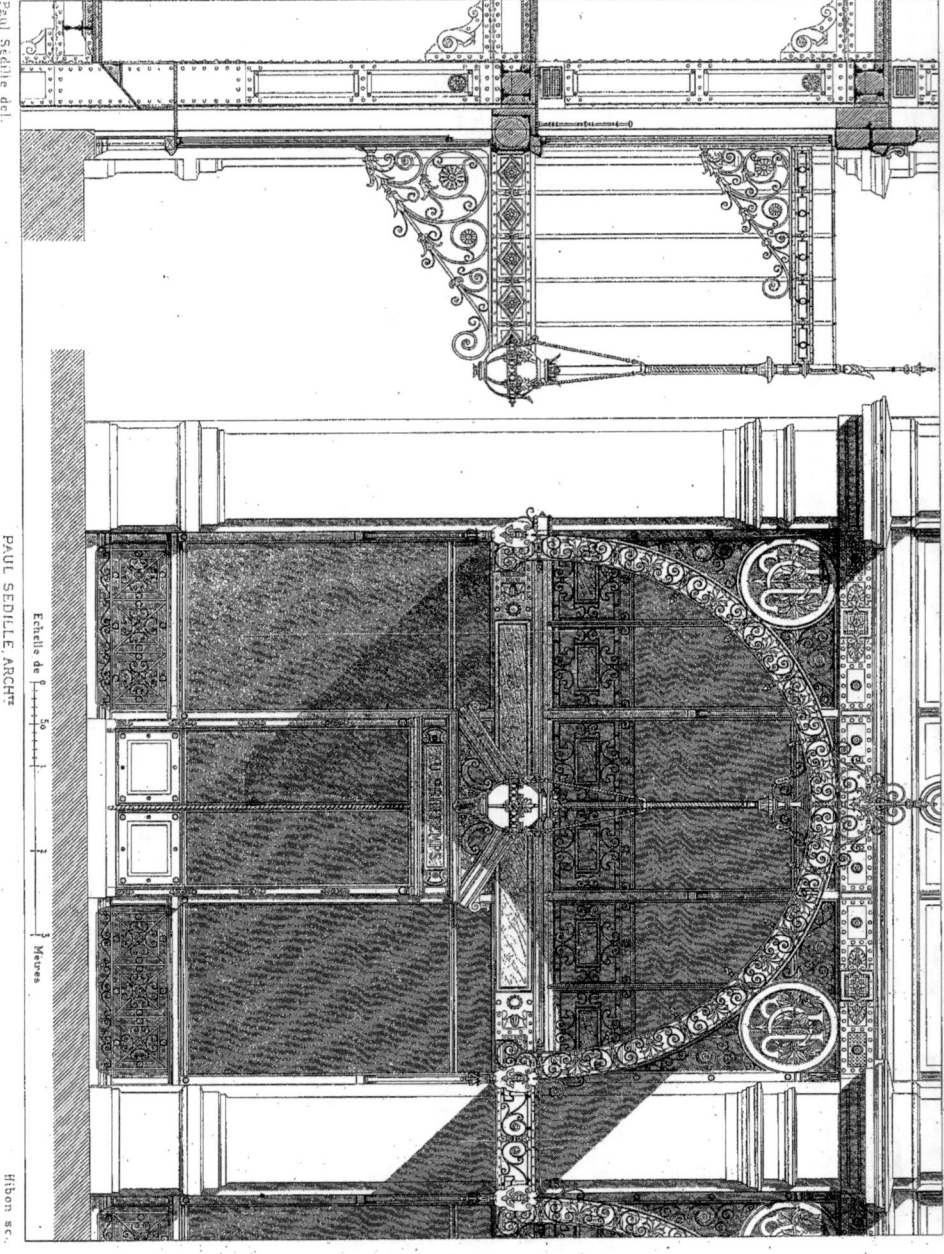

GRANDS MAGASINS DU PRINTEMPS - PARIS
ENTRÉES ET GRANDES MARQUISES SUR LE BOULEVARD HAUSSMANN

PAUL SÉDILLE, ARCH.ᵗᵉ

GRANDS MAGASINS DU PRINTEMPS — PARIS
PARTIE SUPERIEURE D'UNE TRAVEE SUR LE BOULEVARD HAUSSMANN

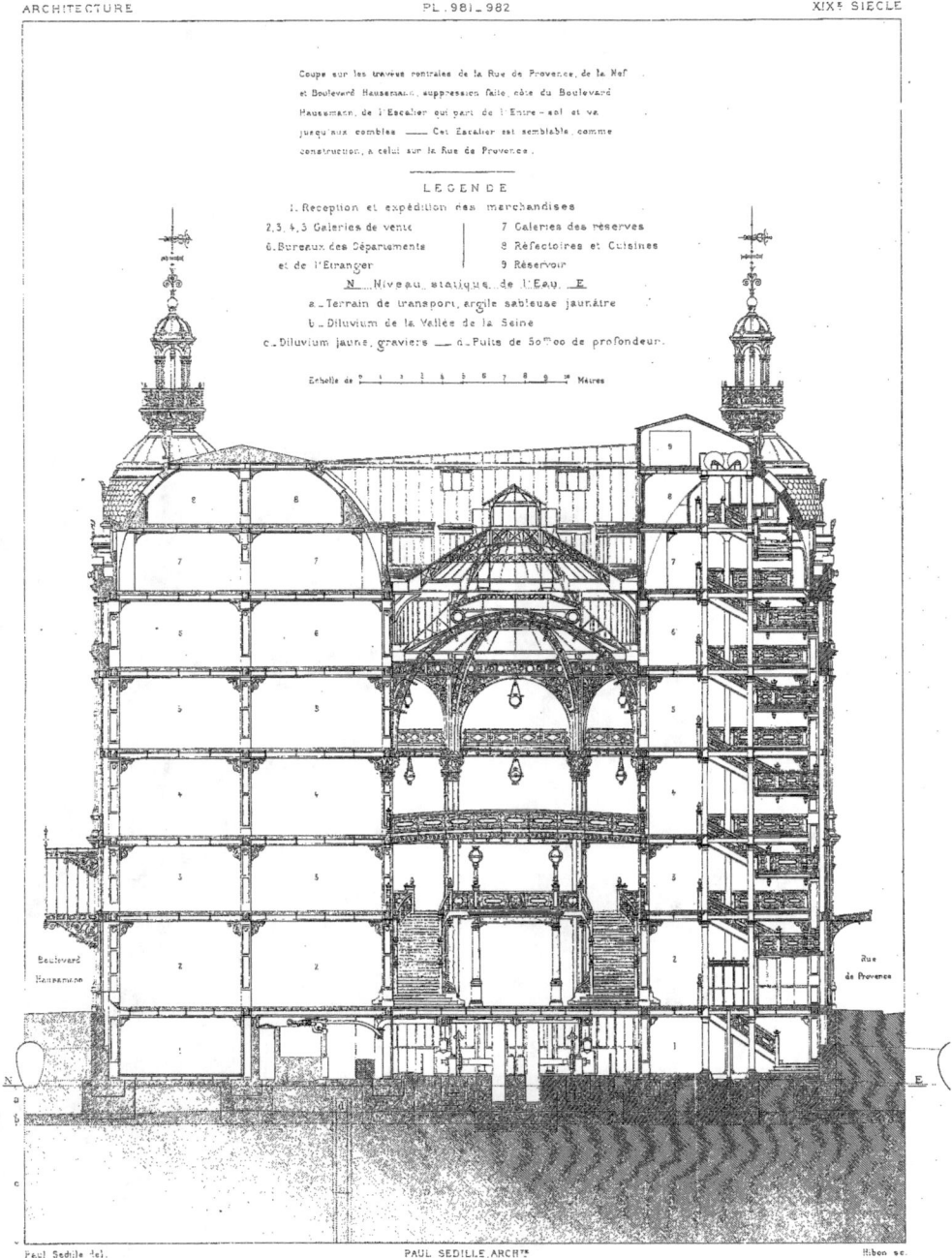

GRANDS MAGASINS DU PRINTEMPS, PARIS
COUPE TRANSVERSALE

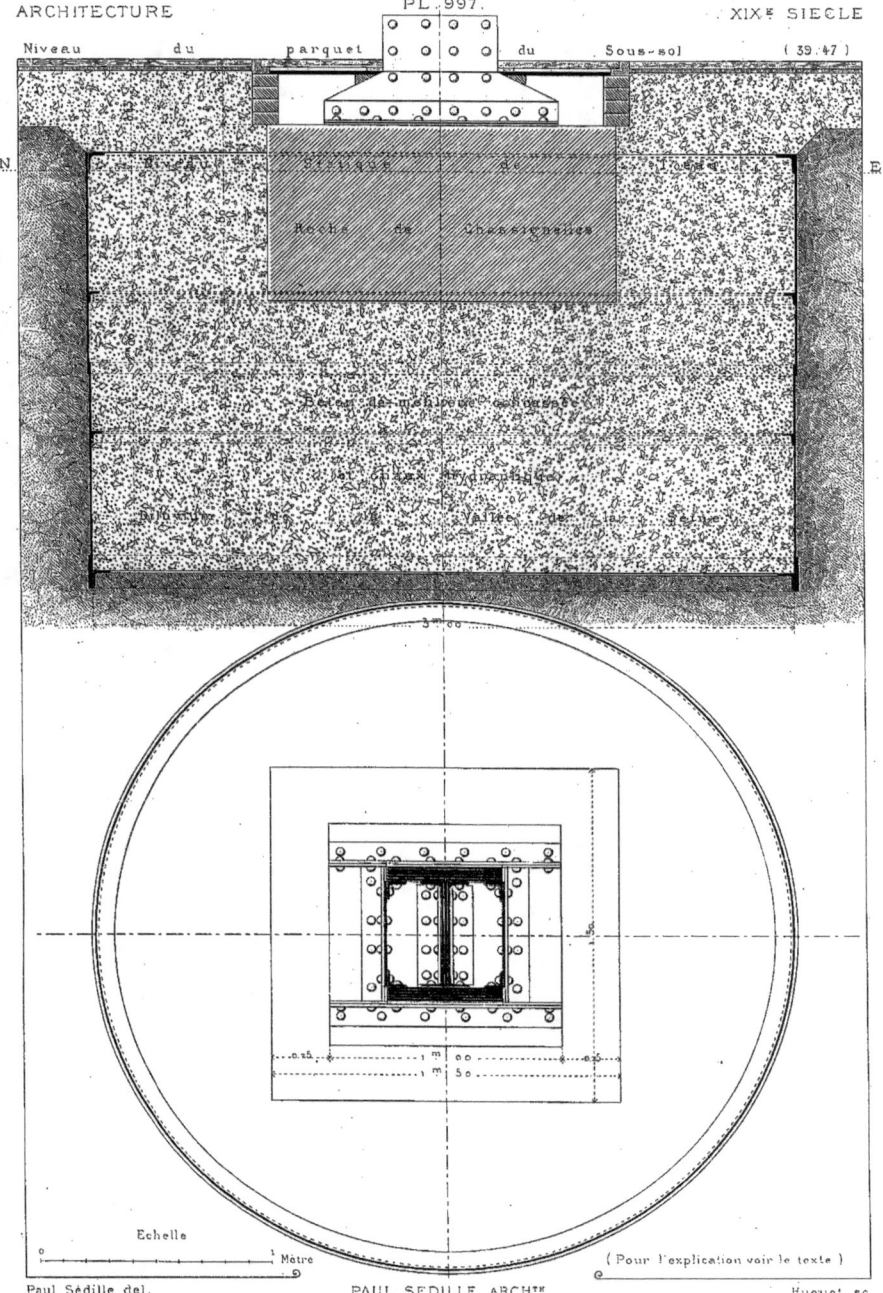

GRANDS MAGASINS DU PRINTEMPS — PARIS

DÉTAILS DES CAISSONS POUR L'ETABLISSEMENT DES FONDATIONS DES PILIERS ISOLÉS

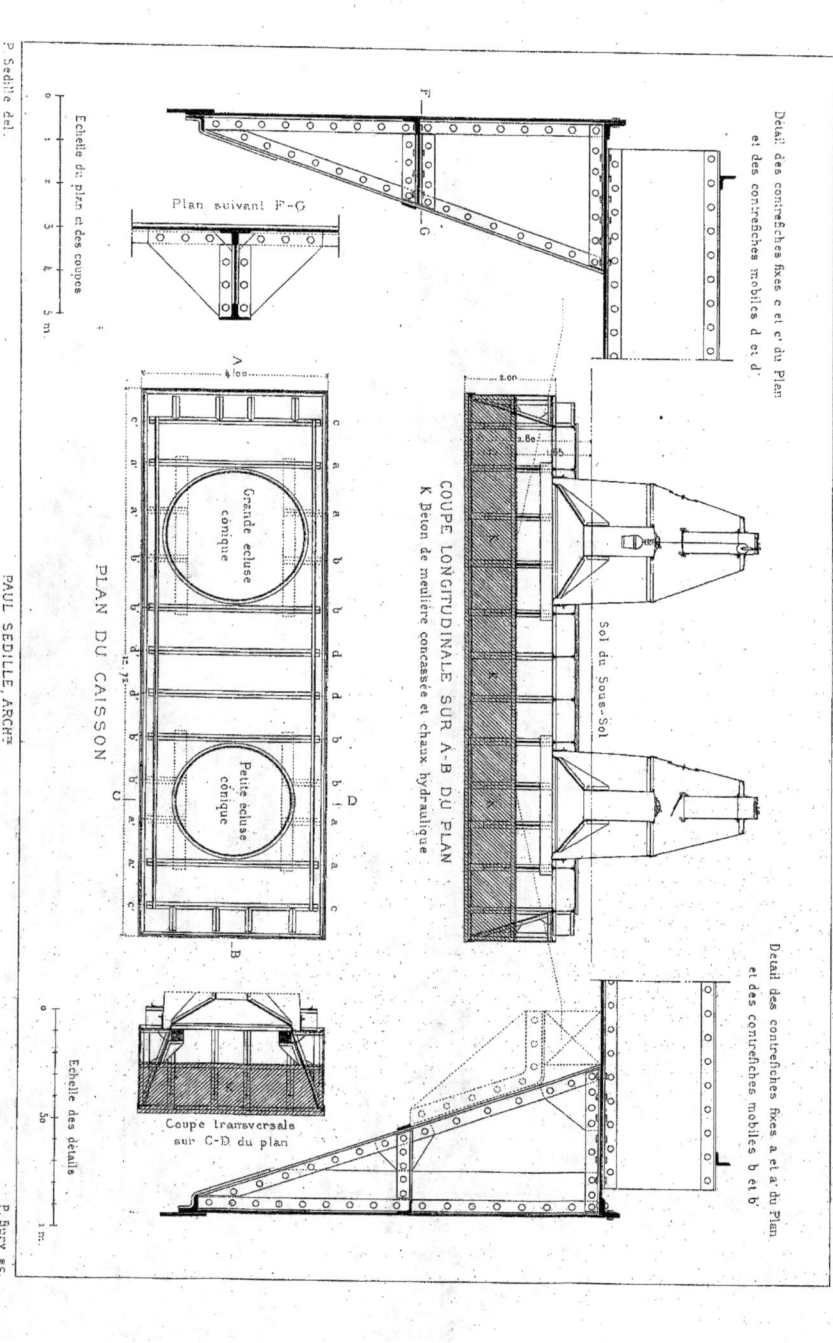

GRANDS MAGASINS DU PRINTEMPS
PARIS

Texte détérioré — reliure défectueuse

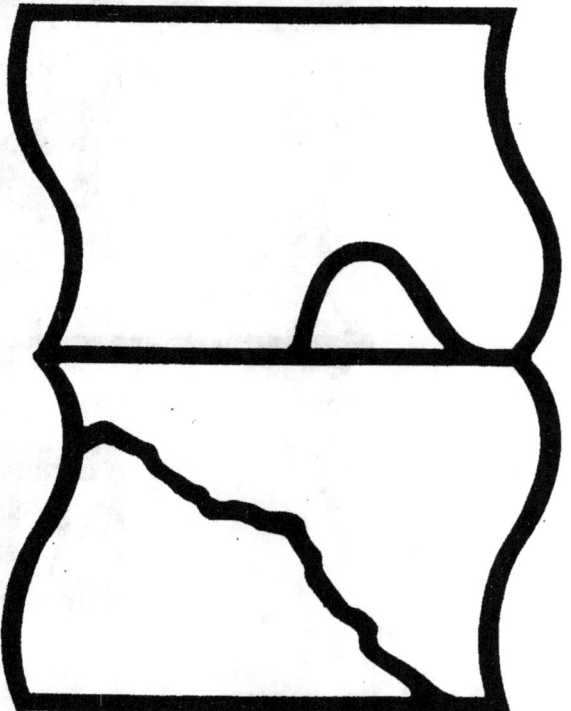

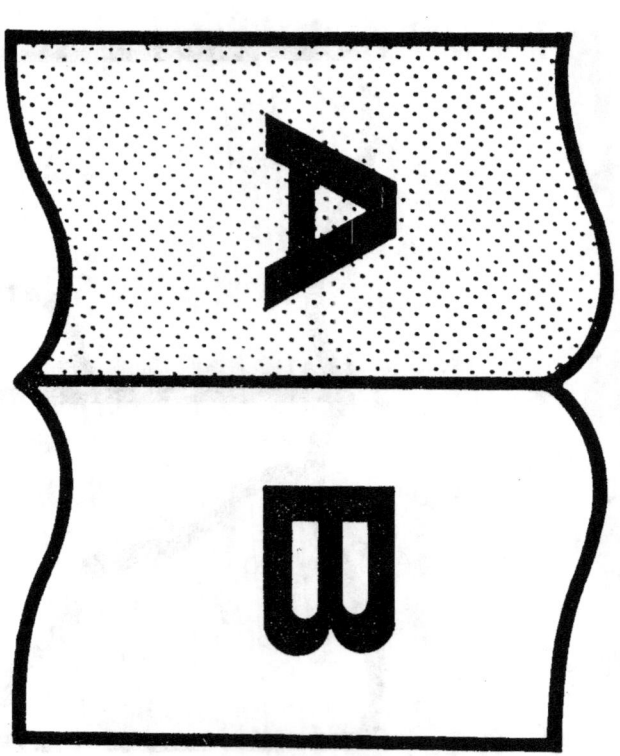

Contraste insuffisant
NF Z 43-120-14

www.ingramcontent.com/pod-product-compliance
Lightning Source LLC
LaVergne TN
LVHW022126080426
835511LV00007B/1046

* 9 7 8 2 0 1 1 8 9 6 9 6 4 *